비록 내 나라는 아니오만

비록 내 나라는 아니오만

초판 1쇄 펴낸날 | 2025년 8월 15일

지은이 | 남기현·김영진·이혜린
펴낸이 | 고성환
펴낸곳 | (사)한국방송통신대학교출판문화원
(03088)서울특별시 종로구 이화장길 54
전화 | 1644-1232 팩스 | (02) 741-4570
홈페이지 | https://press.knou.ac.kr
출판등록 | 1982년 6월 7일 제1-491호

출판위원장 | 박지호
편집 | 장빛나
디자인 | 오하라

ⓒ 남기현·김영진·이혜린

ISBN 978-89-20-05365-8 (03900)
값 18,500원

- 잘못 만들어진 책은 바꾸어 드립니다.
- 이 책의 내용에 대한 무단 복제 및 전재를 금하며
  지은이와 (사)한국방송통신대학교출판문화원의 허락 없이
  어떤 방식으로든 2차적 저작물을 출판하거나 유포할 수 없습니다.

대한독립에 헌신한 외국인 15인의
용기와 연대에 관한 기록

비록 내 나라는 아니오만

남기현·김영진·이혜린 지음

지식의날개

일러두기

1. 이 책에 등장하는 외국 인명과 지명은 기본적으로 외래어 표기법에 따랐다.
2. 서훈을 받은 인물의 경우 국가보훈부 공훈전자사료관의 독립유공자 공적 정보에 의거해 인명 표기를 병기하였다.
3. 대한제국 시기 및 1945년 이후는 한국, 한국인을, 식민지 시기에는 식민지 조선, 조선, 조선인을 시기와 맥락에 맞게 혼용하여 사용하였다.
4. 사진의 출처 중 〈한국독립운동인명사전〉은 독립기념관 한국독립운동사연구소에서 발간한 자료이다.

머리말

그들에겐 왜, 낯선 땅의 독립이 중요했을까?

《비록 내 나라는 아니오만》은 우리 역사에서 꼭 기억해야 할 외국인 독립유공자 15명의 삶과 헌신을 조명하기 위해 기획되었습니다. '외국인 독립유공자'라는 말이 다소 생소하게 느껴질 수 있습니다. 이와 동시에 한국과 특별한 인연이 있을 것 같지 않은 이들이, 어떻게 우리 독립운동과 깊이 얽히게 되었을지 궁금해지기도 합니다.

1910년 8월, 대한제국이 일본에 강제로 병합된 뒤, 나라를 되찾으려는 움직임이 국경을 넘어 퍼져나갔습니다. 국내뿐만 아니라 중국, 일본, 미국, 러시아, 유럽 등 세계 곳곳에서 한국의 독립을 위한 다양한 노력이 이어졌습니다. 그리고 그 현장에는 놀랍게도, 자신과 직접적인 관련이 없음에도 불구하고 한국의 독립운동을 지원한 외국인들이 있었습니다. 이들은 단순한 호기심이나 동정심이 아니라, 정의와 인류애, 그리고 역사의 올바름을 믿는 신념으로 우리를 지원하고 지지했습니다.

현재 대한민국정부가 공식적으로 독립운동의 공로를 인정한 외국인은 9개국 89명에 달합니다. 이 가운데 한국인의 후손인 19명을 제외하면, 순수한 외국인은 70명입니다. 이 밖에도 이름 없이 사라진, 혹은 아직 알려지지 않은 외국인들이 한국의 독립을 위해 묵묵히 힘을 보탰습니다. 그렇다면 이들은 왜, 자신의 국적이나 이해관계가 적은 한국의 독립운동에 동참하게 되었을까?

이 책은 그러한 질문에서 출발해, 수많은 외국인 공훈자 중 15명을 선정했습니다. 각 인물이 어떤 생각과 계기로 한국과 인연을 가지게 되었고, 독립운동에 뛰어들게 되었는지, 그리고 그들이 남긴 흔적이 우리 역사에 어떤 울림을 주는지 차분히 따라가 봅니다. 각 인물은 저마다 다른 국적과 배경을 가졌지만, 사람에 대한 깊은 연대의 마음으로, 낯선 땅의 독립 주장에 호응했다는 공통점이 있습니다.

역사의 주인공은 결국 사람입니다. 그래서 인물 한 사람, 한 사람의 이야기를 들여다보는 일에는 특별한 의미가 있습니다. 각 인물의 여정과 선택을 따라가면서 인류 보편의 가치가 무엇인지를 생각해 보는 기회를 가질 수 있을 것입니다. 인물들의 발자취를 좇아 한국 근대사의 중요한 순간들을 바라볼 때, 역사는 단순한 사건의 나열이 아니라 '살아 숨 쉬는 사람들의 이야기'임을 느낄 수도 있으리라고 기대합니다.

책은 총 3부로 구성되었습니다. 제1부 '대한제국의 주권 회복을 위한 헌신'에서는 대한제국이 위기에 처했던 시기에 함께하며 힘을 보탠 외국인들을, 제2부 '식민지 조선을 지키기 위한 용기'에서는 암울한 식민지 시대에도 한국인의 곁에서 저항과 희망을 이어간 이들을, 제3부 '제국주의에 저항한 정의로운 연대'에서는 국경을 초월해 정의 실현을 위해 헌신한 이들을 다루고 있습니다. 각 부의 구성과 내용은 시대적 흐름과 인물들의 활동 성격, 그리고 그들이 실제로 보여준 행동과 헌신을 고려해 이루어졌습니다. 특히 인물들과 그들이 살았던 시기의 역사적 사건을 함께 배치하여, 독자 여러분이 인물들의 삶과 당시의 시대 모습을 보다 깊이 이해할 수 있도록 구성하였습니다.

《비록 내 나라는 아니오만》에서 등장하는 인물들은 대한제국 시기의 외교적 위기와 식민지 조선의 고난, 그리고 제국주의라는 시대적 흐름 속에서 현실을 외면하지 않았습니다. 제1부에서는 한국 최초의 서양식 병원을 세우고 의료 교육의 기틀을 마련한 올리버 R. 에이비슨, '을사조약'의 부당함을 세계에 알린 기자 로버트 D. 스토리, 의병들의 저항을 기록하고《대한제국의 비극》을 통해 한국의 현실을 알린 프레더릭 A. 매켄지, 고종 황제의 밀서를 품고 헤이그로 향한 호머 B. 헐버트의 삶을 만날 수 있습니다.

제2부에서는 3·1운동을 잔혹하게 진압한 일본의 모습을 사진으로 세계에 고발한 프랭크 W. 스코필드, 한·중 독립운동가들의 네트워크를 연결한 중국의 출판인 황줴, 일제의 탄압 속에서 조선인을 보호한 선교사 로버트 G. 그리어슨, 유럽에서 외교적 지원을 펼친 프랑스 정치인 루이 마랭, 상하이에서 임시정부의 요인들을 물심양면으로 지원한 중국 혁명가 추푸청, 그리고 신사참배 강요에 맞서 민족의 자존심을 지킨 교육자 조지 S. 맥큔의 행적을 다루었습니다.

마지막 제3부에서는 임시정부를 지원했다는 명목으로 체포와 구속의 위험을 감수한 아일랜드계 사업가 조지 L. 쇼, 2·8독립선언과 관련된 조선인 독립운동가들을 일본 법정에서 변호한 후세 다쓰지, 관동대지진 당시 일본 제국주의에 맞서 싸운 아나키스트 가네코 후미코, 아버지의 뒤를 이어 독립운동을 후원한 목회자 조지 A. 피치, 그리고 조선의 독립과 여성의 권리 증진을 위해 평생 헌신한 중국의 여성 운동가 두쥔훼이의 삶이 담겨 있습니다.

이들 모두는 서로 다른 배경과 국적에도 불구하고 정의와 연대라는 공통된 가치를 향해 나아갔습니다.

출간 과정에는 많은 이들의 노고와 지원이 있었습니다. 무엇보다 처음부터 끝까지 기획을 세심하게 이끌어 주시고, 필자들의 글을 꼼꼼히 정리하고 다듬어 주신 장빛나 편집자님께 깊은 감사를 전합니다. 또한 책이 원활히 출간될 수 있도록 세심한 배려를 아끼지 않으신 한국방송통신대학교 출판문화원의 박지호 원장님께도 진심 어린 감사의 말씀을 드립니다.

덧붙여, 이 책의 저술은 기존 연구자들이 쌓아온 학문적 성과에 많은 빚을 지고 있습니다. 특히 국가보훈부의 지원으로 발간된 〈한국인의 벗, 외국인 독립유공자〉(한국역사연구회 엮음, 2019)는 주목할 만한 선행 연구로, 본서의 중요한 토대가 되었습니다. 그들의 발자취를 따라가다 보면, 그들이 품었던 이상과 가치가 오늘날에도 여전히 유효하다는 사실을 새삼 깨닫게 됩니다. 이 의미 있는 여정이 앞으로도 계속 이어지기를 바라며, 《비록 내 나라는 아니오만》이 한국 독립운동의 다채로운 면모를 이해하는 데 작은 디딤돌이 되기를 소망합니다.

남기현 · 김영진 · 이혜린

차례

머리말 | 그들에겐 왜, 낯선 땅의 독립이 중요했을까? • 005

1부
대한제국의 주권 회복을 위한 헌신

올리버 R. 에이비슨 (어비신 魚丕信)
1. 조선의 자립 기반을 위해 의학교육 제도를 만든 의사 • 020
   사건파일 | 명성황후 시해 • 034

로버트 D. 스토리
2. 외교 주권 침탈을 폭로해 전 세계에 알린 기자 • 038
   사건파일 | '을사조약' • 052

프레더릭 A. 매켄지
3. 《대한제국의 비극》으로 주권 침해를 증언한 저널리스트 • 056
   사건파일 | 의병전쟁 • 070

호머 B. 헐버트 (허흘법 許訖法)
4. 외교 주권 되찾으려 헤이그로 달려간 '자발적 외교관' • 074
   사건파일 | 만국평화회의 특사단 • 092

2부

식민지 조선을 지키기 위한 용기

프랭크 W. 스코필드 (석호필 石虎弼)
5. 일본군의 탄압을 사진으로 기록해 조선을 지킨 수의사 • 100
   사건파일 | 제암리 학살 • 114

황줴
6. 한·중 네트워크를 견고하게 구축한 항일운동가 • 118
   사건파일 | 신한청년당 • 131

로버트 G. 그리어슨 (구례선 具禮善)
7. 일제의 폭력으로 죽어가는 조선인을 구해낸 선교사 • 134
   사건파일 | '105인 사건' • 146

루이 마랭
8. 유럽에서 진행된 독립운동을 지원한 정치인 • 150
   사건파일 | 구미위원부 • 162

추푸청
9. 대한민국임시정부 요인들을 물심양면으로 도운 혁명가 • 166
   사건파일 | 김구 피난처 • 181

조지 S. 맥큔 (윤산온 尹山溫)
10. 신사참배 거부로 민족적 자존심 고수하게 한 교육자 • 184
    사건파일 | 숭실학교 폐교 • 197

3부
제국주의에 저항한 정의로운 연대

조지 L. 쇼
11. 체포와 구속에도 굴하지 않고 임시정부를 도운 사업가 • 204
    사건파일 | 안동교통사무국 • 219

후세 다쓰지
12. 일본 법정에서 조선인과 함께 재판 투쟁을 펼친 변호사 • 222
    사건파일 | 2·8독립선언 • 237

가네코 후미코 (박문자 朴文子)
13. 식민과 인간 억압에 모두 맞선 아나키스트 • 240
    사건파일 | 관동대지진 • 253

조지 A. 피치 (비오생 費吾生)
14. 아버지에 이어 조선인과 함께 고통을 감당한 목회자 • 256
    사건파일 | 윤봉길 의거 • 271

두쥔훼이
15. 조선 독립과 여성의 권리 증진을 옹호한 실천가 • 274
    사건파일 | 중한문화협회 • 287

참고문헌 • 290

※ 괄호 안은 이들의 한국식 이름.

1919년 3·1운동은 전 민족이 자발적으로 참여한 비폭력 항일 독립운동으로, 세계사적으로도 높은 역사적 가치를 지닌다. 당시 서방 언론은 이를 '일본의 잔혹한 식민 통치에 맞선 정의로운 저항'으로 조명하며 국제 사회의 이목을 집중시켰다. 이 운동을 계기로 국내외 독립운동가들이 중국 상하이로 집결하였고, 같은 해 4월 대한민국 임시정부가 수립되었다. 국내외에 수립되어 있던 임시정부들의 통합 논의가 이어져 마침내 9월 통합 임시정부가 출범하였다. 1932년 상하이를 떠난 임시정부는 이동 시기를

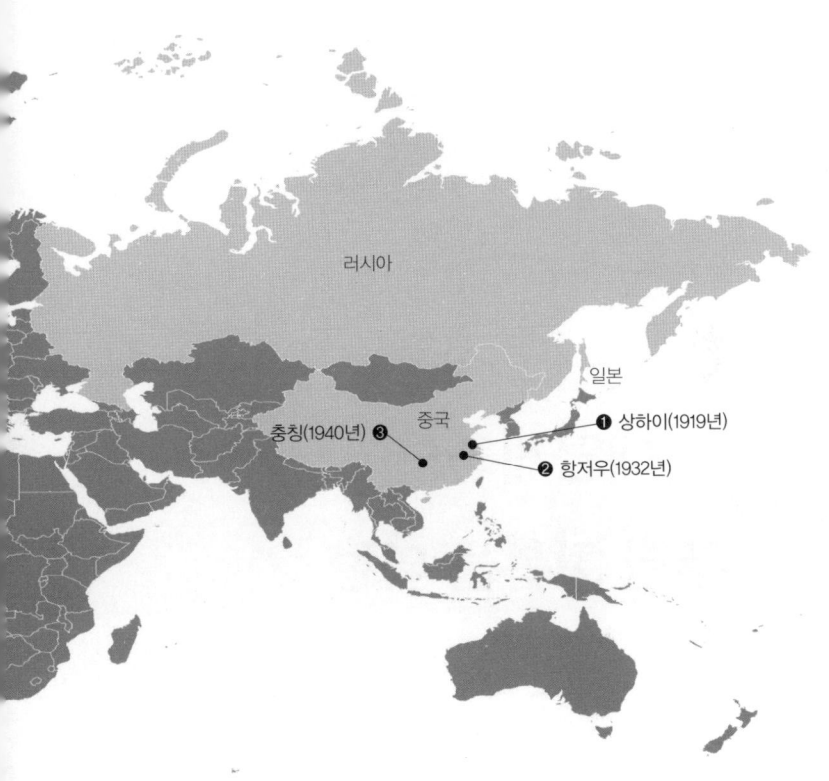

대한민국임시정부 이동 경로

❶ 상하이(1919년) → ❷ 항저우(1932년) → 진장(1935년) → 창사(1937년) → 광저우(1938년) → 류저우(1938년) → 치장(1939년) → ❸ 충칭(1940년)

거쳐 1940년 충칭에 자리 잡았다. 100여 년 전 교통편도 열악한 상황에서도 저 멀리 세계 각지로부터 한국으로 온 외국인들은 조선인들과 동거동락을 함께하고 대한민국임시정부의 활동과 직·간접적으로 연대하여, 조선 독립을 위해 헌신하였다. 한국은 1945년 8월 15일, 일본으로부터 독립하였다.

1부

대한제국의
주권 회복을 위한
헌신

대한제국은 1897년, 고종이 조선을 황제국으로 선포하면서 수립되었다. 당시 조선은 내부적으로 정치적 혼란과 민중의 불만이 누적되고 있었으며, 외부적으로는 제국주의 열강의 각축장이 되어 가고 있었다. 1894년 동학농민운동은 개혁 요구와 외세 저항이 결합된 민중의 움직임이었다. 같은 해 발발한 청일전쟁은 조선 자주권의 위기를 선명히 드러냈다. 청일전쟁에서 일본이 승리하자 조선 내 청의 영향력은 급속히 약화되었고, 일본이 정치와 군사 부문에 본격적으로 개입하기 시작했다. 1904년 러일전쟁 이후, 대한제국은 국제사회로부터 실질적인 외교적 지원을 받지 못했으며, 내부적으로도 근대 국가로서의 체제를 충분히 갖추지 못해 외세의 압력에 점차 흔들리게 되었다. 이 시기 올리버 R. 에이비슨, 프레더릭 A. 매켄지, 호머 B. 헐버트, 로버트 D. 스토리 등 일부 외국인은 대한제국의 제도적 기반 정비, 국제 여론 환기, 교육과 의료 등과 같은 분야에 기여했다. 이들의 활동은 조선의 발전 방향과 국제적 위상에 긍정적인 변화를 이끌어냈다.

1부의 주요 사건

1876. 2. 27.
강화도조약 체결
조선과 일본 간
최초의 근대적 조약(강화도)

1905. 11.
을사의병
을사조약 반발,
전국적 항일 의병
봉기

1905. 11. 17.
'을사조약' 체결
일본, 대한제국
외교권 박탈

1904. 2. 8.
러일전쟁 발발
일본, 러시아와
전쟁 개시

1897. 10. 12.
대한제국 선포
고종, 황제 즉위·
대한제국 수립
선언

1907.
헤이그특사 사건
고종,
만국평화회의에
비밀 특사 파견

1907. 7. 20.
고종 강제 퇴위
일본, 고종 황제
강제 퇴위

1907. 8. 1.
군대 해산
일본, 대한제국
군대 강제 해산

1907. 7. 24.
정미7조약
(한일신협약)
일본, 대한제국
내정 장악(차관정치)

1907.
정미의병 발발
군대 해산 후 해산
군인·민간 중심의
의병 전국적 확대

1885. 4. 10.
제중원 설립
한국 최초
서양식 병원

1886. 6. 9.
육영공원 설립
근대식 관립학교 설립

1894. 2. 15.
동학농민운동

1894. 7. 23.
청일전쟁 발발
일본과 청 전쟁 시작

1896. 2. 11.
아관파천
고종, 러시아
공관으로 피신

1895. 10.
을미의병
단발령 반발·
을미사변 계기로
전국적 의병 봉기

1895. 10. 8.
을미사변
일본인 자객,
명성황후 시해

1895. 4. 23.
삼국간섭
러시아·독일·프랑스,
일본의 랴오둥반도
반환 요구

1907. 11.~1908. 6.
13도창의군 서울진공작전
13도창의군, 서울 탈환
위해 진공작전 시도

1910. 8. 29.
'한국병합'
(한일병합조약 체결)
일본, 대한제국 강제 병합

Oliver R. Avison · 어비신 魚丕信 · 1860~1956

출처: 국가보훈부 공훈전자사료관

"당시 우리의 가장 큰 관심사는 우선 어떻게 하면 조선의 백성을 질병에서 구하고, 또 급격한 인구 감소의 원인이 되는 엄청난 사망률을 줄일 수 있을까 하는 것이었다. … 이를 위해 유망한 조선의 젊은이들을 유능한 일꾼으로 길러내는 것이었다."

— 《구한말 40여 년의 풍경》 중에서

올리버 R. 에이비슨

1

조선의 자립 기반을 위해
의학교육 제도를 만든 의사

'어비신'(魚丕信)이라는 한국 이름으로도 알려진 올리버 R. 에이비슨(애비슨)은 '한국 근대 의학의 선구자'로 평가받는다. 1893년 캐나다 의료 선교사의 자격으로 한국에 발을 디딘 그는 제중원과 세브란스병원, 연희전문학교 등 여러 의료·교육기관의 설립과 운영에 참여했다. 을미사변, 대한제국의 변화, 일제강점기와 해방 이후까지 한국 근현대사의 주요 장면을 가까이에서 지켜본 인물이기도 하다. 오랜 시간 한국에 머무르며 다양한 계층의 사람들과 교류했고, 한국 사회에 대한 각별한 관심과 애정도 드러냈다. 그렇다면 그는 어떤 삶을 선택했고, 그 흔적은 오늘날 우리에게 무엇을 말해줄까?

의료 선교사로 한국행 선택

　에이비슨은 1860년 6월 30일, 영국 요크셔의 작은 마을 제거 그린에서 태어났다. 그의 어린 시절은 산업혁명 이후 지역경제가 급격히 흔들리던 시기와 겹쳐 있다. 가정 형편이 넉넉하지 않았던 에이비슨 가족은 더 나은 삶을 찾아 1866년 2월, 캐나다 온타리오주 브랜트포드로 이주했다. 이후 미국을 거쳐 토론토 근처 여러 도시에서 지냈고, 이주와 적응의 경험은 가족 모두에게 새로운 세계를 접하는 계기가 됐다.

　에이비슨의 집안은 겉으로 드러내놓고 열정적인 신앙을 강조하는 분위기는 아니었지만, 꾸준히 종교적 전통을 지켜온 감리교 신자 집안이었다. 에이비슨 자신도 감리교회의 교인이었고, 그의 아내와 함께 1886년 토론토 셔본가 감리교회에서 결혼식을 올렸다. 이 교회에는 일본 선교를 준비하는 청년회가 있었고, 에이비슨 부부는 이 모임에서 열성적으로 활동했다. 교회 안팎에서 선교와 봉사의 기회를 가깝게 접한 경험은 그들의 신앙과 세계관에 큰 영향을 미쳤다.

　에이비슨은 가족 생계를 돕기 위해 모직공장에서 일했는데, 이때 공장 노동자의 삶을 직접 겪으면서 교육의 중요성을 깨달았다. 약사 자격을 취득한 뒤에는 토론토

온타리오에서 교수로도 활동했고, 의과대학 진학을 권유받아 토론토대학교 의과대학에 편입했다. 학업 성적도 뛰어났고, 졸업 이후 개업의와 외과 교수, 토론토 시장의 주치의 등 다양한 이력을 쌓았다.

이처럼 안정된 사회적 지위와 전문성을 쌓아가던 에이비슨 부부가 한국행을 결심하게 된 계기는 두 가지였다. 첫 번째는 교회 청년회의 선교활동 경험이었고, 두 번째는 언더우드(Horace Grant Underwood) 목사와의 만남이었다. 1892년, 에이비슨은 언더우드 목사를 토론토로 초청했다. 당시 언더우드는 조선에서 목회와 선교활동을 펼치고 있었는데, 마침 미국에 머무르던 시기에 에이비슨의 초대를 받아 토론토에 올 수 있었다.

언더우드의 강연은 의과대학생들뿐 아니라 에이비슨 부부에게도 깊은 인상을 남겼다. 강연을 들은 뒤 에이비슨 부부는 자신들이 의료 선교사로 한국에 봉사하겠다는 뜻을 품게 된다. 이후 캐나다 감리교회에 자신들을 한국으로 보내달라고 요청했지만, 그 교회는 해외 선교 경험이 없어 쉽게 응답하지 못했다.

결국, 언더우드의 추천과 미국 북장로교 선교부의 지원이 더해지면서, 에이비슨 가족은 1893년 한국으로 떠날 수 있었다. 에이비슨 부부의 선택에는 신앙적 소명 의식과 봉사에 대한 책임감, 그리고 당대 청년층 선교 운동의 영향이 겹쳐져 있었다. 이러한 배경은 이후, 에이비슨이 한국 땅에서 의료와 교육 선교에 오랜 세월 헌신하는 중요한 밑바탕이 되었다.

궁궐 안 외국인 의사

1893년 4월, 에이비슨은 가족과 함께 한국에 도착해 약 6주간 부산에서 베어드 목사의 집에 머물렀다. 베어드는 에이비슨에게 한국어를 배울 것을 권유했고, 자신의 한국어 선생이자 선교 사업 조수였던 고씨를 소개했다. 에이비슨은 40년 후인 1933년 《신동아》 지면을 통해 "나에게 맨 처음 조선어를 알려 준 사람이 현재 세브란스 의학전문학교 교수로 있는 고명우 씨의 부친이었습니다. 나의 처음 어학 교사의 아들이 후에 나와 함께 한 학교에서 일을 보게 되었다는 것은 기이한 인연이라고 할 수밖에 없습니다"라고 회고하기도 했다.

1893년 8월 말, 에이비슨 가족은 부산을 떠나 서울로 이사했다. 그리고 그해 11월 1일부터 고종의 시의(侍醫) 겸 제중원(濟衆院)의 의사로 일하기 시작했다. 에이비슨이 제중원 의사로 부임했을 때 병원의 상황은 좋지 않았다. 병원 운영을 담당했던 헤론(J. W. Heron)이 사망하면서 책임자가 없는 상황이 지속되었다. 일부 관리들은 제중원이 한국병원이라는 것을 이용하여 재정을 장악하고 자금 횡령과 같은 부정한 행위를 저지르기도 했다.

당시 한국에 있던 선교사 중 일부는 이러한 상황에서 서울을 떠나 다른 지방에서 사업을 개척해야 한다고 주장하기도 했다. 그러나 에이비슨은 제중원과 선교사가 관계를 맺어야 하며, 이를 통해 조선정부와 국왕이 관심을 가지게 하는 것이 좋겠다는 언더우드의 의견에 동의했다. 에이비슨은 제중원 경영의 정상화를 위해 노력했다. 주한 미국공사 실(J. M. Sill)과 외무대신 김윤식에게 미국 뉴욕에 있는 선교본부로부터 재정 지원을 받아도 되겠느냐는 제안을 했다.

두 사람의 동의를 받은 후, 에이비슨은 뉴욕 선교본부에 제중원 건물 개조비와 운영비 지원을 부탁했다. 그리고 한국인 간호원을 양성하고 훈련할 수 있도록 서울에서 선교 사업을 벌이고 있던 북장로교·남장로교 선교회에 각각 한 명씩을 파견해달라고 요구했다.

에이비슨은 제중원 내원 환자 수가 줄어드는 이유가 새로 부임한 의사인 자신에게도 있다고 생각했다. 내원 환자를 늘리기 위해서는 그만큼 자신의 노력이 필요하다고 본 것이다. 오전 시간을 주로 이용하여 하루에 7, 8시간씩 한국어를 공부하고, 병원에 매일 출근했다. 그리고 진료일도 이전과는 다르게 날씨가 좋지 않은 날에도 평상시대로 병원을 연다고 공지했다. 1932년 4월 6일, 에이비슨은 《기독신문》에 자신의 제중원 경영 방침에 대해 회고했다.

"나는 제중원의 진찰 일지와 그동안 지낸 여러 가지 사정을 정밀히 조사하여 보고 비가 오나 눈이 오나 춥거나 날마다 빠지지 아니하고 진찰소에 출석하기로 결심하였다. … 나는 또한 네 가지를 결정하여 실행한 것이 있다. ①약갑 낼 수 없는 사람이라도 진찰하여 주기를 거절치 말 것. … ④수술방을 넉넉히 준비하여 질병의 성질에 따라서 모든 종류의 수술을 가능케 할 것."

에이비슨의 이러한 노력의 결과 내원 환자 수는 점차 증가했고, 제중원 운영도 정상화되었다. 에이비슨이 한국에서 의료 선교를 시작한 지 1년이 지난 1894년, 청일전쟁이 발발했다. 대부도에서 24km 떨어진 서해의 작은 섬 풍도 앞바다에서 시작된 전쟁은 한반도를 거쳐 만주로 이어졌다. 이때 만주에 파견된 일본군 사이에서 콜레라가 발생했다.

일본군은 철수할 때 한국을 거쳐 본국으로 돌아갔고, 이것이 원인이 되어 콜레라가 한반도에 유입될 가능성에

출처 : 국사편찬위원회

고종의 명에 의하여 1885년 4월 14일(음력 2월 29일) 설립된 최초의 서양식 병원인 제중원 전경.

대한 우려가 커졌다. 에이비슨 역시 전염병이 한국에 확산될 것을 염려해 조선정부에 철저한 방역 대책의 필요성을 강조했다. 그는 총리대신을 만나 직접 건의했으나, 정부에서는 내각 회의에 상정하겠다는 답변만 돌아왔을 뿐 실질적인 조치는 이루어지지 않았다. 일본 측에서도 잠시 방역 기구를 설치했으나, 사태의 심각성을 충분히 인식하지 못했다.

결국, 1895년부터 콜레라가 본격적으로 번지기 시작해 평양을 비롯한 여러 지역으로 확산되었다. 서울에서도 많은 희생자가 발생했다. 이에 조선정부는 에이비슨에게 방역대책위원회 구성을 요청했다. 에이비슨은 위원회를 꾸려 홍보, 격리, 병원, 검역, 보급 등 분야별로 조직을 세우고 책임자를 임명해 체계적으로 대응했다. 약 7주 동안 이어진 방역 활동 끝에 콜레라 유행을 진정시키는 데 성공할 수 있었다.

루이스 세브란스와 체계화한 의료교육

콜레라가 진정된 지 얼마 지나지 않아, 궁궐에서 큰 비극이 일어났다. 1895년 10월 8일, 일본 공사 미우라 고로(三浦梧楼)의 주도 아래 왕비가 시해되는 '을미사변'이 발생한 것이다. 명성황후가 시해되었다는 소식을 들은 에이비슨은 몹시 놀라고 분노했다. 미국 공사는 고종을 보호하기 위해 선교사들에게 궁궐 안에 머물러 달라고 요청했다.

그러나 1895년 11월 28일 친미, 친러 관리와 군인들이 고종을 궁 밖으로 탈출시키고 친일 정권을 무너뜨리려고 했던 '춘생문 사건'이 발생하면서 일본의 경계는 더욱 강화되었다. 이러한 상황에서 에이비슨은 언더우드, 헐버트 등과 함께 한동안 매일 궁궐에 들어가 고종에게 문안을 드리고 안심시켰다. 에이비슨은 후일, 자신의 회고록

출처 : 국가유산포털

경복궁에 있는 건청궁은 1895년 10월, 명성황후가 일본의 '공권력 집단'에 의해 시해된 사건(을미사변)이 일어난 장소이다.

에서 을미사변에 대하여 다음과 같이 의견을 밝혔다.

"… 조선을 완전 병합할 계획을 의중에 품고 있던 이 일본이라는 거인은 계속 성가시게 굴며 자신의 계획을 방해하는 이 모기처럼 연약한 왕비를 마침내 제거하기로 결정했다. 일본은 미우라 백작을 전권공사로 조선에 파견하여, 왕비를 시해하는 한이 있더라도 자국의 목적에 부합하는 일이라면 무슨 일이라도 자행토록 했다."

한국에서 활발하게 활동하던 에이비슨은 안식년을

맞아 1899년 3월 캐나다로 돌아갔다. 1년여의 휴가를 마치고 한국으로 돌아가기 전 뉴욕 선교본부로부터 해외 선교 회의가 곧 열리는 데 발표를 맡아달라는 요청을 받았다. 에이비슨은 선교사업을 위해 본부와의 협력이 중요하다는 것을 인식하고 있었기 때문에 이를 승낙했다. 카네기 홀(Canegie Hall)에서 열린 이 회의에는 5천여 명의 회원과 청중들이 참여했다.

 에이비슨은, 캐나다의 각 선교단체에서 서울에 파견한 7명의 의사가 있는데 각각 따로 진료소를 열고 있다고 보고했다. 그리고 "각 선교단체가 협력하여 3명 혹은 4명의 의사로 하나의 병원을 만들면 지금의 상황보다 더 좋게 될 것"이라고 제안했다. 이때 에이비슨의 발표를 인상 깊게 들었던 인물이 있었다. 루이스 세브란스(Louis H. Severance)였다. 그는 선교 병원을 세웠으면 좋겠다고 생각해 왔는데 에이비슨의 강연을 듣고 장소를 서울로 정했다고 한다. 그리고 병원 건설비로 약 1만 달러를 지원하기로 약속했다.

 캐나다에서 한국으로 돌아온 에이비슨은 새로운 병원 건립을 계획함과 동시에 의료교육을 재개했다. 제중원에 만들어진 의학교에서 화학, 약물학, 해부학 등을 강의했다. 이와 함께 의사가 되는 자격증 수여를 위한 의무위원회를 만들었으며, 한국 학생들의 도움을 받아 해부학, 생리학, 화학, 세균학, 약물학 등과 같은 의학과 관련된 서적을 번역했다.

1904년 9월 23일, 숭례문 밖 도동에 새 병원이 건립되었다. 그리고 11월 16일에 정식 개원식이 열렸다. '새 제중원'인 세브란스병원이다. 에이비슨은 이 병원의 병원장을 맡게 되었다. 개원 이후 병원은 에이비슨의 노력에 힘입어 계속 발전했다. 에이비슨의 재임 기간 동안 이 병원에서 치료받은 환자 수는 1만 6천 명, 입원환자는 490여 명에 달했다. 의사가 왕진한 환자를 합치면 그 숫자는 훨씬 많았다. 1906년, 고종은 에이비슨에게 훈 4등 태극훈장을 수여했다. 그리고 다년간 시의로 일해 준 것에 대한 감사장도 따로 주었다.

1907년 1월 1일에는 대한제국으로부터 의료사업기념장을 받았다. 대한제국이 일본에 강제로 병합된 이후에도 에이비슨의 한국에서의 의료 및 교육 활동은 이어졌다. 1934년까지 연희전문학교와 세브란스 의학전문학교의 교장직을 동시에 맡으며 활발하게 활동했다.

한평생 한국을 지원한 열정

1923년 6월 14일, 30여 년에 걸친 에이비슨의 활동을 기념하기 위해 박영효, 이상재, 윤치호, 김익두 등 당대의 주요 인사들이 주축이 되어 환영회가 열렸다. 이 자리에서 에이비슨은 다음과 같이 소감을 밝혔으며, 그의 진심 어린 답사는 많은 이들에게 깊은 인상을 남겼다.

"영국과 캐나다에서 보낸 시간보다 한국에서의 30여 년이 더 길게 느껴진다. 내 자녀들 3분의 2는 이 땅에서 태어났고, 모두가 한국과 한국인을 사랑한다. 황제와 많은 서민, 그리고 나로부터 배워 국민을 위해 헌신한 제자들에게 감사를 전한다. 앞으로 은퇴 후에도 한국의 발전을 지켜보고 싶다. 한국의 미래는 결국 이 나라 국민에게 달려 있다는 사실을 잊지 말아야 한다."

1935년 12월 2일, 에이비슨은 서울을 떠나 미국으로 향했다. 이후 미국과 캐나다에 있던 친척들을 방문하고 가족들과 시간을 보냈다. 한국을 떠났지만 에이비슨은 여전히 한국의 독립을 지원했다. 1942년에는 이승만을 지원하는 '기독교인 친한회'(The Christian Friends of Korea)가 만들어지는 데 앞장섰다.

1942년 11월 8일, 《워싱턴포스트》(The Washington Post)에는 에이비슨의 인터뷰 내용이 보도되었다. 에이비슨은 "아시아 지역에 기독교 문명을 가져다주려는 노력은 오직 한국이 일본의 지배로부터 자유롭게 되어야 가능하다"라고 했다. 그리고 "일본이 한국인들을 정치적으로나 사회적으로 통치할 능력이 없다는 점은 너무나 분명하다"라고 하고, "연합국이 대한민국임시정부를 승인하고 독립이 이루어질 수 있도록 도와야 한다"라고 주장했다.

1952년 3월 1일, 대한민국정부는 에이비슨의 공로를 인정하여 건국훈장 독립장을 추서했다. 에이비슨은 대한제국과 대한민국 정부로부터 모두 공훈을 인정받은 인물이었다. 한평생 한국에서 근대 의학을 교육하고 병자를 치료했으며, 한국의 독립을 지지한 에이비슨에 관한 감사함의 표현이라고 할 수 있다.

🔍 사건파일

명성황후 시해
외세의 간섭과 들불처럼 번진 민중항쟁

1890년대 초중반, 일본은 조선을 자국 대외정책의 핵심 지역으로 설정하고 군비 확충과 전쟁 준비에 몰두했다. 동학농민운동을 계기로 1894년 일본군은 조선에 무력 개입을 했고, 경복궁 점령 후 친일 내각을 수립했다. 1895년, 청일전쟁의 결과로 맺어진 시모노세키조약으로 일본은 청으로부터 랴오둥 반도를 할양받았다. 그러나 러시아·독일·프랑스가 주도한 삼국간섭으로 곧 반환해야 했다. 이로써 동아시아 정세는 다시 급변했다.

조선에서도 러시아를 새로운 후견 세력으로 삼으려는 움직임이 나타났다. 러시아를 견제하며 조선에 대한 영향력을 유지하고자 했던 일본은 정국의 반전을 모색했다. 군인 출신 미우라 고로를 신임 공사로 조선에 파견하며 군사적 압박을 본격화했다. 1895년 8월 20일(음력 10월 8일), 일본 공사관원, 경관, 한성신보 기자, 낭인, 일본 교관이 배속된 조선 훈련대 등으로 조직된 무리가 대원군을 앞세워 경복궁으로 난입하고, 왕후의 처소 건청궁에서 명성황후를 살해했다. 시신은 궁 안 우물에 던졌다가 다시 솔밭에 장작더미를 쌓아 불태운 것으로 알려졌다.

사건의 주동자는 일본 공사 미우라였으며, 일본군 수비대가 만행의 실질적 주력군이었다. 일본은 대원군과 조선 훈련대가 자행한 사건이라며 책임을 회피하려 했지만, 러시아인 사바틴(Афанасий ИвановичСередин-Сабатин)과 미국인 다이(William Dye) 등 외국인의 증언과 서양 외교관들의 보고로 진상이 폭로되었다. 일본정부는 일시적으로 미우라 등 관계자 48명을 본국으로 소환하고 구금했다. 그러나 얼마 지나지 않아 '증거 불충분'으로 전원 무죄 방면했다. 이 사건은 조선 내외에 큰 충격을 안기며 반일 감정을 극대화시켰다. 국제 여론의 비난도 일어났지만, 일본정부의 공식 책임 인정이나 처벌은 없었다.

명성황후 시해는 조선 사회에 엄청난 충격을 몰고 왔다. 조선정부는 일본의 강요 아래 〈왕후폐위조서〉를 발표하고, 진상을 은폐했다. 유생과 전현직 관료들은 폐위조처에 반대하는 상소를 올렸다. 충청남도의 유생 문석봉이 1895년 9월 최초의 의병 봉기를 일으켰고, 곧 전국적으로 의병 항쟁이 시작됐다. 을미사변 직후, 정부는 '단발령'을 강제로 시행했다. '신체발부(身體髮膚, 몸 전체)는 부모에게서 받은 것'이라는 유교사상에 근거해 상투를 효의 상징으로 여긴 조선 유생과 백성들에게, 단발령은 신체적·

정신적 모욕이자 인류의 파괴로 받아들여졌다. 이는 곧바로 반정부·반일 감정의 폭발로 이어졌다.

의병운동은 전국 규모로 확대되었다. 제천의 유인석, 이천의 김하락, 여주의 이춘영, 강릉의 민용호, 진주의 노응규, 안동의 권세연 등 지방 유생과 무관들이 각지에서 의병을 이끌었다. 주요 봉기지역은 강원·충북·경북 3도 접경과 그 인근이었고, 충북 제천, 경기도 이천·여주, 강원도 강릉, 경남 진주, 전남 장성, 충남 홍주, 경북 안동 등이 대표적이다.

이들은 친일관료 처단, 관군 및 일본군과의 교전, 무기탈취 등 적극적인 무장투쟁을 전개했다. 그러나 의병 세력은 관군·일본군의 강력한 진압과 지휘부·병사 층의 이질성, 군자금 부족, 농민의 미온적 참여 등 한계를 드러냈다. 의병은 지연·혈연·학연 중심의 전통적 조직에 기반했으나, 일부 평민·서리층·해산군인·포군 등도 참여했다. 특히 척사파 유생들이 주축이었고, 북벌·척화·존화양이론 등 전통적 위정척사 이념에 기반한 반일·반개화·반침략 투쟁이었다.

의병 봉기가 한창이던 1896년 2월 11일, 고종과 왕세자는 경복궁을 벗어나 러시아공사관으로 피신했다. 이를 '아관파천'이라고 한다. 아관파천으로 친일 내각이 무너지고 친미·친러 정권 수립되었다. 정부는 포고문을 통해

'의병의 명분은 잘못된 것이 아니다'라고 인정하면서도, '이제 단발령을 철회했으니 해산하라'고 조치했다. 고종의 강력한 해산 권고, 단발령 철회, 정부의 적극적 진압으로 1896년 여름까지 의병은 대부분 해산했다. 일부는 만주로 이동해 후일 재기의 항전을 도모하거나, 영학당·활빈당 등 다른 저항 세력으로 전환되었다.

명성황후(1851~1895)는 여흥 민씨 집안 출신으로, 16세에 고종과 혼인해 왕비가 되었다. 그녀는 자신의 가문을 중심으로 정치적 영향력을 행사했으나, 일부에서는 친정 세력의 전횡·매관매직의 주범으로도 비판받았다. 반면 이사벨라 버드와 같은 서구 인사는 '지적이고 우아한 귀부인'으로 평가했다. 생전부터 엇갈린 평가를 받았고, 사후에도 국모(國母)로서의 숭앙과 권력 독점의 책임론이 교차한다. '명성황후'라는 칭호는 사후 대한제국에서 '황후'로 추존되며 붙여진 것이고, 생전에는 주로 '왕후'·'중전'이라 불렸다. 1910년대 일제강점기엔 '민비'로 격하되었으나, 다시 '명성황후' 칭호가 공식화되었다.

Robert D. Story · 1872~1921

출처: 《월간조선》(2019. 11.)

"1905년 11월 17일 박제순과 하야시가 서명한 조약에 한국의 황제 폐하
께서는 동의하지도 않았고 또한 서명도 하지 않았다." -1906년 1월 29일-
- 〈34년 만에 다시 쓰는 영국 기자 더글러스 스토리의 고종 密書 사건〉,
《월간조선》(2019. 11.) 중에서

2

외교 주권 침탈을 폭로해
전 세계에 알린 기자

　1906년 2월 8일, 영국 런던에서 발간된 신문인 《트리뷴》(Tribune)에는 고종의 밀서가 실린 기사가 게재되었다. 기사의 주된 내용은 일본이 대한제국의 내정을 황제의 동의 없이 간섭하고, 강요하고 있다는 사실을 알리는 것이었다. 고종의 밀서에는 황제의 인장이 찍혀 있었고, 6가지 내용이 적혀 있었다. 이 밀서는 영문으로 번역되어 게재되었다. 고종이 대한제국의 자주권을 회복하고, 현재 나라의 상황을 서양을 알리기 위해 밀서를 작성했음을 알 수 있다. 여기에서 궁금함이 생긴다. 이 기사는 어떻게 영국 신문에 실리게 되었을까? 고종의 밀서를 받고 기사의 내용을 제보한 사람은 누구인가?

출처: 《월간조선》(2019. 11.)

영국 일간지 《트리뷴》에 실린 고종의 밀서 사진(1906. 12. 1).

황제의 서한

이 서한은 여섯 가지의 명확한 항목으로 구성되어 있으며, 세계 앞에서 대한제국의 입장을 다음과 같이 천명하고 있다.

1. 대한제국 황제 폐하는 1905년 11월 17일 하야시와 박제순이 체결한 조약에 서명하거나 동의한 바 없음을 밝힌다.
2. 대한제국 황제 폐하는 일본의 입을 통해 공포된 조약의 세부 내용에 대해 이의를 제기한다.
3. 대한제국 황제 폐하는 대한제국의 주권을 선포하였으며, 어떤 행위로도 이 주권을 외국에 넘긴 적이 없음을 밝힌다.
4. 일본이 공표한 조약에 따르면 외국과의 외교 사안에 한정하여 언급되어 있을 뿐이며, 일본이 대한제국의 내정에 대한 통제권을 행사한다는 내용은 황제 폐하가 결코 승인한 바 없다.
5. 대한제국 황제 폐하는 일본의 통감 임명에 동의한 적이 없으며, 일본제국의 권한을 한국에서 행사하는 일본인의 임명을 상상조차 한 적이 없다.
6. 대한제국 황제 폐하는 열강이 대한제국의 외교 사무에 관하여 5년을 넘기지 않는 기간 동안 공동 보호 통치를 실시할 것을 요청한다.

이 서한은 1906년 1월 29일, 대한제국 황제 폐하의 친필과 옥새로 작성되었다.

광무 10년(1906년) 1월 29일

러일전쟁 취재하다 손에 넣은 고종의 밀서

밀서의 첫 번째 내용에 주목할 필요가 있다. 1905년 11월 17일, 대한제국의 외부대신 박제순과 일본 공사 하야시 곤스케(林權助)가 함께 서명한 것이 바로 '을사조약'이다. 언뜻 보면 두 나라가 공식적으로 맺은 약속처럼 보이지만, 실제로는 일본이 군사적 압박과 협박을 통해 우리나라에 강요한 불법적인 합의였다. 그래서 '을사늑약'이라는 이름으로도 불린다.

여기서 '늑약'이란 억지로 맺은 조약이라는 뜻으로, 이 협정이 정상적인 절차를 거치지 않았음을 드러낸다. 을사늑약으로 인해 대한제국은 외교권을 일본에 빼앗기게 되었고, 1906년에는 통감부가 만들어져 일본의 내정간섭이 본격적으로 시작되었다. 고종 황제는 밀서를 통해 이 조약에 동의하지 않았고, 자신의 서명도 없었다는 점을 분명히 밝혔다. 일본어로 공포된 내용 역시 인정하지 않았으며, 일본의 내정간섭을 받아들인 적이 없다고 강하게 항의했다.

고종의 밀서를 전달받은 인물은 영국인 더글러스(더글라스) 스토리였다. 1872년 스코틀랜드 미들로디언에서 태어난 그는, 어린 시절부터 학교 교육을 받으며 자랐다. 젊은 시절에는 한때 의학을 공부했지만, 곧 언론계로 진로를 바꿨다. 남아프리카의 정치와 사회 문제를 다루는 신문사에서 편집장으로 활동하면서 본격적인 기자 생활을 시작했다.

1897년에는 《요하네스버그 스탠더드 앤드 디거스 뉴스》의 편집장으로 일했고, 1899년 보어전쟁이 발발하자 남아공화국 현지에서 종군기자로 활약하며 이름을 알렸다. 이 경험을 통해 그는 국제 정세를 다루는 전문기자로 자리매김하게 되었다.

보어전쟁 이후에는 영국으로 돌아가 여러 신문사의 특파원으로 일했다. 한편, 개인적인 위기와 명예 실추로 인해 런던을 떠나 뉴욕과 홍콩 등지로 활동 무대를 옮기기도 했다. 1903년에는 홍콩에서 창간된 《사우스 차이나 모닝 포스트》의 부편집장으로 참여하며 동양지역으로 진출했다. 1904년 러일전쟁이 일어나자 다시 종군기자로 나서 일본, 중국, 만주, 러시아 등지를 오가며 취재를 이어갔다. 다양한 현장을 경험한 그는, 이후 동아시아와 국제 정세를 깊이 있게 전하는 특파원으로 활동했다.

스토리가 한국 문제에 깊은 관심을 갖게 된 시기는 러일전쟁에서 일본이 승리한 직후인 1905년 무렵이라고 알려져 있다. 당시 스토리는 베이징에서 상하이로 이동하던 중, 전직 한국 해상 세관장과 함께하며 대한제국의 실정을 직접 들을 수 있었다. 이어 1905년 12월 초에는 일본 요코하마에서 미국으로 돌아가던 마지막 주한 미국 공사 에드윈 모건(Edwin V. Morgan)을 만나, '을사조약'의 내막에 관한 정보를 얻게 되었다.

바짓가랑이 속에 숨겨 전달된 편지

1906년 1월, 스토리는 일본 고베를 거쳐 부산에 도착했다. 《트리뷴》의 특파원 자격으로 한국 땅을 처음 밟은 것이다. 《트리뷴》은 1906년 1월 15일, 런던에서 창간된 신문으로, 볼턴 지방 방직업자의 상속자이자 자유당 소속의 젊은 국회의원 프랭클린 토머슨(Franklin Thomasson)이 소유주였다. 이 신문은 고급지를 지향하며 젊은 지식인들 사이에서 큰 주목을 받았지만, 경영난을 극복하지 못하고 1908년 2월 8일, 창간 2년 만에 폐간되고 만다.

대한제국에 온 스토리는 고종과 접촉할 수 있는 편지를 소지하고 있었다. 서울에 도착한 후, 마침내 고종과 연락이 닿았다. 스토리는, 당시 궁궐 안팎은 일본의 감시가 심했고 첩자가 득실거렸기 때문에 고종은 가까운 사람들과도 자유롭게 소통할 수 없는 상황이었고, 심지어 신하들조차 일본 병사들에게 대궐 문 앞에서 가로막혔다고 회고했다. 스토리가 처음 고종 측으로부터 받은 교서(敎書)의 내용은, 일본의 위협 아래 고종 본인이 암살당하지 않도록 반드시 도와달라는 부탁이었다. 이 교서를 접한 뒤, 스토리는 자신이 기존에 의존하던 정보 통로 대신, 오로지 고종의 교서만을 믿기로 했다. 대한제국 상황을 누구보다 적나라하게 담아낼 수 있는 것은, 일본의 철저한 감시 속에서 비밀리에 전달되는 고종의 편지뿐이라고 판단했기 때문이다.

　일본 정보기관의 눈을 피해, 스토리는 밤마다 숙소를 옮기며 조심스럽게 움직였다. 그 와중에도 궁중에서 고종의 신임을 받는 인물들은, 바짓가랑이 속에 편지를 숨겨 몰래 전달하곤 했다. 이런 극도의 경계와 긴장감 속에서, 1월 어느 날 새벽 4시, 고종의 붉은 옥새가 찍힌 밀서가 스토리에게 전달되었다. 고종이 그를 어떻게 믿었는지에 대한 기록은 남아 있지 않지만, 스토리가 긴 여정 끝에 결국 고종과 직접 소통하는 경로를 확보했다는 점만은 분명하다. 이렇게 스토리는 직접 고종의 밀서를 받아, 일본의 감시망을 뚫고 대한제국의 실상을 세계에 알릴 중요한 임무를 맡게 되었다.

　고종 황제의 인장이 선명하게 찍힌 밀서는 총 6개 조항으로 구성되어 있었다. '을사조약'을 부정하는 고종의 강력한 의지가 담긴 내용이었다. 밀서를 받은 밤, 스토리는 미국 총영사와 함께 무사히 서울을 탈출했다. 최대한

빨리 한국을 떠나야 했다. 그러나 출발 예정이던 증기선이 여러 가지 이유로 출발이 6일 동안 미루어졌다. 다행히 노르웨이 부정기선을 운항하는 선장이 서울에서 보내온 명령을 무시하고 중국으로 출항을 강행해서 중국으로 이동하게 되었다.

 1906년 2월 8일, 더글러스 스토리는 중국 치푸(芝罘)에 도착했다. 그가 가지고 있던 고종의 밀서는 곧장 치푸 주재 영국 총영사 오브라이언 버틀러(Pierce E. O'Brien-Butler)에게 전달되었다. 버틀러는 25년 넘게 중국 각지에서 근무한 외교관으로, 스토리의 요청을 받고 밀서를 직접 복사해 사본을 남겨두는 등 신중하게 대처했다. 혹시라도 원본이 분실되거나 일본 측에 빼앗길 경우를 대비한 안전장치였다. 사본은 베이징 주재 영국 공사 어니스트 새토(Ernest Satow)에게 보낼 예정이었다.

전 세계에 타전된 '을사조약' 체결의 내막

 이후 버틀러는 스토리와의 만남과 고종의 옥새가 찍힌 문서를 보았다는 사실, 그리고 그 문서가 1905년 11월 '을사조약'이 무효임을 주장하고, 대한제국을 열강의 보호 아래에 두고 싶다는 내용임을 새토에게 알렸다. 그러나 새토는 이 밀서를 영국 외무성에 공식 보고하지 않았다. 영국이 이미 일본과 동맹을 맺은 상태에서 자칫 외교 문제로 비화될 가능성을 우려한 조치였다.

스토리는 치푸에 도착한 당일, "'을사조약'은 일본의 강요로 체결됐고 고종은 이를 승인하지 않았다"라는 요지의 기사를 런던 《트리뷴》에 보냈다. 이 기사는 1906년 2월 8일자 3면 머리기사로 실렸다. 〈한국의 호소 : 《트리뷴》에 보낸 황제의 성명서, 일본의 강요, 열강의 개입을 요청함〉이라는 제목이었다.

스토리는 "한국의 지위는 믿을 수 없을 정도이며, 황제는 실질적으로 포로 신세다. 일본군은 궁중을 둘러싸고 있으며, 궁중에는 일본 스파이들이 가득 차 있다. '을사조약'은 황제의 재가를 받지 않았다"라고 강조했다. 이어서 '을사조약' 체결의 경위와 한국의 정치 실정, 고종이 건넨 밀서의 6개 항목을 영문 번역과 함께 상세히 실었다. 이 기사는 로이터통신을 통해 전 세계로 퍼져나갔다. 주영 일본대사관은 즉각 강하게 항의했다. 그러나 스토리는 흔들림 없이 자신의 주장을 꺾지 않았다. 일본 측의 반박에도 불구하고, 그는 《트리뷴》에 반론 기사를 싣고, 1906년 10월부터는 〈동양의 장래〉라는 시리즈 기사를 연재했다. 이 시리즈는 이듬해 단행본 《동양의 내일》(Tomorrow in the East)로 출간되었다.

《대한매일신보》(1907. 1. 16)에 게재된 고종의 밀서 사진과 기사.

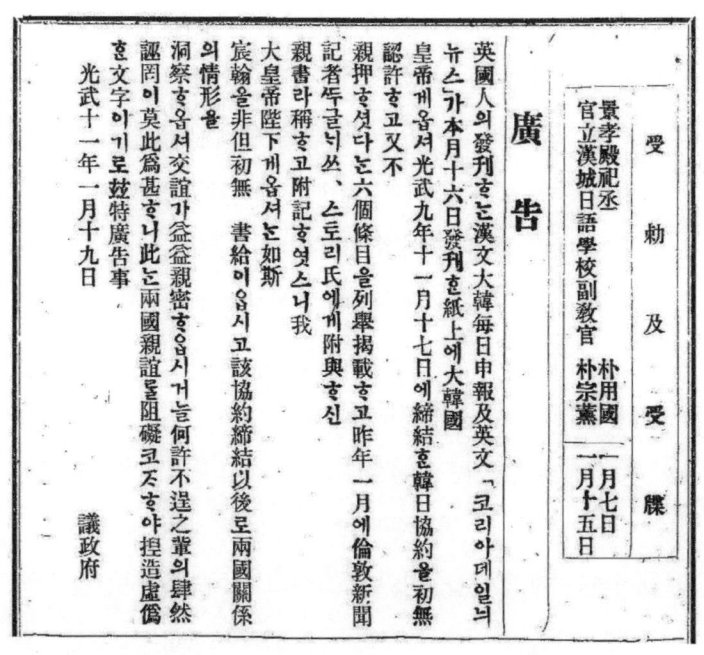

《대한매일신보》에 실린 고종의 밀서가 허위라는 고시를 게재한 〈관보〉 제 3668호(1907. 1. 21).

고종의 밀서는 한국에서도 큰 반향을 일으켰다. 1907년 1월 16일, 《대한매일신보》는 스토리가 보낸 고종의 밀서 사진과 기사를 1면에 실었다. 이는 일본의 압력에 시달리던 한국 사회에 적지 않은 반향을 불러일으켰다. 고종의 진의가 담긴 밀서와 그 실물이 공개되었고, 한국민에게 일본의 강압과 불법성을 알리고 저항 여론을 불러일으키는 계기가 되었다. 이 같은 상황에서, 일본 측은 당혹감을 감추지 못했다. 한국의 내정간섭을 총괄하던 통감 이토 히로부미는 "밀서에 대해 황제에게 직접 물어봤으나 고종이 즉석에서 부인했다"라고 하고, "이 문서는 궁중 근처에서 나온 것이겠지만 고종이 직접 건넨 것은 아니다"라고 해명했다. 이와 함께 《대한매일신보》에 실린 밀서가 허위라는 고시를 관보에 싣고, 신문사에 기사 정정을 요구하는 등 수습에 나섰다.

고종의 밀서는 한국의 처지를 국제사회에 알리고, 국내에서는 일제의 침략과 불법성을 비판하는 여론을 크게 환기하는 데 영향을 끼쳤다. 스토리가 이러한 사실을 알리겠다고 마음을 먹은 이유는 '을사조약'이 일본의 강압으로 맺어진 부당한 조약임을 세계에 알리는 것이야말로 자신이 맡은 역할이라고 여겼기 때문이었을 것이다. 스토리의 기사가 전 세계에 퍼지고, 한국 내에서는 밀서의 진위가 공개되면서 통감부는 한동안 곤경에 처할 수밖에 없었다.

이후 더글러스 스토리는 종군기자와 저술가로 명성을 얻은 뒤, 1909년 인도의 콜카타와 벵골 영국 식민정부에서 일하며 언론 활동의 무대를 넓혔다. 제1차 세계대전이 한창이던 1916년부터 2년간은 인도 주둔 영국군 소령으로 복무했다. 1918년부터 1920년까지는 선적 통제사로 근무하며, 1920년 대영제국 훈장(CBE)을 받았다. 1921년 7

월 7일 인도 코타 지역을 지나는 열차 안에서 49세의 나이로 세상을 떠났다. 대한민국정부는 그가 일본의 부당한 내정간섭과 '을사조약'의 실상을 세계에 알린 공로를 인정해, 2015년 건국훈장 애족장을 추서했다.

🔍 **사건파일**

'을사조약'
강압적 체결에 맞선 한국 사회의 격렬한 저항

1904년 러일전쟁이 시작되자 일본은 한반도에 군대를 들여보내고, 대한제국정부를 압박해 '한일의정서'와 '제1차 한일협약'을 차례로 체결했다. 이후 일본은 정치·군사·재정·외교 등 국가의 주요 분야에 일본인 고문을 파견하여 실질적인 내정간섭을 시작했다. 전쟁에서 승기를 잡은 일본은 1905년 들어 대한제국을 '보호국'으로 만들기 위한 전략을 본격적으로 추진했다.

7월부터 9월 사이에는 미국, 영국 등 열강의 묵인과 동의를 이끌어냈고, 10월 27일 일본정부는 '한국 보호권 확립 실행에 관한 각의 결정'을 내렸다. 이후 '을사조약' 초안을 미리 만들어 주한 일본 공사 하야시 곤스케에게 조약체결을 준비하라고 지시했다.

1905년 11월 9일, 일본은 당시 추밀원장이던 이토 히로부미를 '특명전권대사'로 파견했다. 이토는 10일과 15일, 두 차례에 걸쳐 고종 황제를 직접 만나 일본에 대한제국의 외교권을 넘기는 조약을 맺자고 요구했다. 고종은 이를 단호히 거절했고, 이토와 하야시 공사는 내각 대신들을 회유하고 압박하려 했으나 뜻을 이루지 못했다.

11월 17일, 일본군은 서울 경운궁 일대를 병력으로 포위했다. 그리고 대신들을 일본공사관으로 불러 몇 시간 동안 협박과 회유를 반복했다. 그날 오후 경운궁에서 열린 어전회의에서도 조약체결에 관한 반대 의견이 많았지만, 일본은 궁궐에까지 군대를 들여보내며 압박을 강화했다. 고종의 명을 받아 회의 연기를 요청하러 나서던 궁내부대신 이재극은 일본군에 감금당하기까지 했다.

저녁 8시 무렵, 이토는 일본군을 대동해 회의장에 다시 들어가 직접 회의를 주재하면서 대신들에게 개별적으로 의견을 물었다. 참정대신 한규설, 탁지부대신 민영기, 법부대신 이하영 등이 강하게 반대했지만, 학부대신 이완용은 일본의 요구가 불가피하다며 찬성했다. 내부대신 이지용, 군부대신 이근택, 농상공부대신 권중현, 외부대신 박제순 등이 조건부로 동의하면서 다수가 찬성하는 형국이 되었다.

결국, 11월 18일 새벽 1시경, 고종의 국새 없이 외부대신 박제순의 직인만으로 조약이 날인되었다. 조약문에는 '통감의 내정 불간섭', '황실의 존엄성 보장', '조약 유효기간은 한국이 실질적으로 부강해질 때까지' 같은 문구가 들어갔으나, 실제로는 외교권이 전면적으로 일본에 넘어가게 되었다. 서울에는 통감부가 설치되었으며, 기존의 외무부는 폐지되고 각국의 공사관들도 철수하게 되었다. 12월 20일 통감부와 이사청 설치에 관한 칙령이 공포되었고, 이튿날 이토 히로부미가 초대 통감으로 임명되어 조선에서 막강한 권한을 쥐게 되었다.

'을사조약'은 표면상 한국이 '실지로 부강해졌다고 인정될 때까지'라는 조건을 달았으나, 실제로는 일본 외무성이 한국 외교를 전면적으로 감독하고 일본의 외교관과 영사가 한국인의 해외 이익을 보호할 권한을 갖는다는 조항, 일본을 거치지 않고는 어떠한 조약이나 협정도 맺을 수 없다는 조항, 그리고 '통감'과 각 지역 '이사관'이 파견되어 실질적으로 내정과 외교를 모두 장악한다는 내용을 담고 있었다. 외부대신 박제순과 일본 특명전권공사 하야시 곤스케가 조약에 서명했으나, 대한제국 황제의 국새는 사용되지 않았다.

이처럼 일본의 강압 속에서 체결된 '을사조약' 소식이 알려지자, 대한제국 내부 곳곳에서 다양한 형태의 저항이 이어졌다. 유림을 비롯한 유생과 관료들은 상소와 탄원, 을사오적의 처벌과 조약 무효화를 주장하며 항의했다. 최익현 등은 을사오적을 처형할 것을 요구했고, 민영환, 홍만식, 송병선 등은 자결로 항거했다.

민종식은 홍주에서 의병을 일으켜 격렬히 저항했고,

전국 각지에선 수많은 의병이 결성되어 무장투쟁에 나섰다. 나철, 오기호 등은 을사오적 암살을 시도했다. 언론에서는 《황성신문》에 장지연이 〈시일야방성대곡〉(是日也放聲大哭)을 발표해 전국에 울분을 알렸다. 그러나 일본의 압력에 의해 상소운동이나 무장항쟁, 언론과 민중의 저항도 결국 조약을 철회하거나 오적을 처벌하는 현실적인 결과를 얻지 못했다.

'을사조약'은 대한제국의 외교권이 박탈되는 원인이 되었다. 또한, 서울에는 통감부가, 지방 주요 지역에는 이사청이 설치되어 대한제국의 행정권까지 관여하게 되었다. 강압적 체결 과정, 황제의 날인 거부, 정부 내부와 민중의 끈질긴 항거는 '을사조약'이 자발적·합법적으로 맺어진 조약이 아니었음을 보여주고 있다.

Frederick A. MacKenzie · 1869~1931

출처: 독립기념관 《한국독립운동인명사전》

"이 책에서 나는 자유를 위해 투쟁하는 한 고대 민족의 모습을 기록하고 있다. … 그들은 우리가 알고 있는 바와 같이 문명에 있어서는 빼놓을 수 없는 요소들, 이를테면 자유, 자유로운 신앙, 그들의 여성의 명예, 그리고 그들 자신의 영혼 계발과 같은 것들을 누린 적이 있으며 지금도 그것을 놓치지 않으려고 안간힘을 쓰고 있다. 나는 지금 '자유'와 '정의'를 외치고 있다. 세계는 나의 말에 귀를 기울이는가."

— 《한국의 독립운동》 중에서

3

《대한제국의 비극》으로
주권 침해를 증언한 저널리스트

    1920년, 제국주의가 세계 질서의 이름으로 횡행하던 때 한 외국인이 한국이라는 나라에서 자유와 정의를 위해 싸우는 사람들을 목격했고, 그것을 세계에 알리고자 했다. 캐나다 출신 기자였던 프레더릭 아서 매켄지(프레드릭 에이 맥켄지)는 직접 의병을 찾아가 사진을 찍고, 이야기를 나누며 그들의 목소리를 기록했다. 2018년에 방영되었던 드라마 〈미스터 션샤인〉의 마지막 장면을 기억하는 사람들이 있을 것이다. 드라마 속 외국인 기자가 의병을 만나 인터뷰하는 장면은 실제 역사에서 매켄지가 보여준 장면을 모티프로 삼은 것이다. 그는 일본의 압제에 항거하는 한국 민중을 가장 가까이에서 목격했고, 또 그들의 싸움을 세계에 알리고자 했던 사람이다.

출처: 유튜브 홍보 영상 캡처

드라마 〈미스터 션샤인〉의 마지막 장면.

대한제국의 의병을 찾아서

프레더릭 아서 매켄지는 1869년 3월 캐나다 퀘벡주에서 태어났다. 1900년 영국의 일간지 《데일리 메일》(Daily Mail)에 입사하면서 기자 생활을 시작했다. 1904년에는 종군기자로 러일전쟁 취재를 위해 대한제국을 처음 방문하게 된다. 이후 1906년 여름 다시 대한제국을 찾은 매켄지는 약 1년 6개월간 머물면서 대한제국의 격변기를 직접 목격했다. 그는 고종의 강제 퇴위와 군대의 강제 해산을 비롯해, 일제의 조치에 항의하며 전국 곳곳에서 들불처럼 일어나는 의병 소식에 주목하게 되었다. 특히 의병의 실

출처: 독립기념관 〈독립운동인명사전〉

매켄지가 양평에서 찍은 의병 사진(1907).

제 구성과 서울 근교까지 접근한 의병의 위치 등 현장의 구체적인 상황에 큰 관심을 기울였다.

 매켄지는 의병의 실상을 확인하기 위해 직접 현장을 방문하기로 결심했다. 그러나 그의 여정은 쉬운 것이 아니었다. 계획단계에서부터 어려움에 부딪혔다. 통감부에서는 종군기자 출신인 매켄지가 의병을 찾아 지방으로 가는 것에 강한 거부감을 가지고 있었다. 지방에서 일어나고 있던 일본군의 불법적인 행위가 기사화되거나 서양인이 사망하는 사건이 발생하면 일제의 정책에 부정적인 영향을 미칠 것을 우려했기 때문이다.

통감부는 그의 신변을 보호할 수 없다고 했고, 통행증 발급을 거부했다. 통행증 없이 여행하다 체포되면 처벌을 받을 수 있다는 경고도 뒤따랐다. 심지어 주변 친구들까지 의병을 찾아 떠나는 일이 매우 위험하다며 만류했다. 이처럼 상황이 좋지 않았지만, 매켄지는 자신의 계획을 실행에 옮겼다. 의병을 만나기 위해 만반의 준비를 하고, 1907년 8월 21에서 10월 3일 사이에 서울을 떠났다.

충주에 도착한 매켄지는 일본군 장교를 만나게 되었다. 그는 매켄지가 서양인이라 조선 측에 정보를 흘릴 것이라고는 생각지 않은 듯, "의병은 단순한 도적에 불과하다. 현재 일본군이 의병의 근거지를 포위하고 있다"라고 군사기밀에 가까운 이야기까지 전해 주었다. 장교의 말을 들은 매켄지는 아직 일본군의 습격을 받지 않은 원주 쪽으로 이동했고, 원주를 향하는 길에서 마을 주민들에게서 양근(陽根, 지금의 경기도 양평군 일대)에 의병이 있다는 소식을 듣게 되었다.

매켄지는 마침내 양근에 도착했다. 한 한옥의 마당에 여장을 풀고, 쉴 준비를 하고 있었다. 그때 동행한 한국인이 숨을 헐떡이며 다급하게 달려와 "선생님, 의병이 나타났습니다. 여기에 군인들이 있습니다!"라고 말했다. 곧 56명의 의병이 마당에 들어와 매켄지 앞에 늘어섰다. 이들은 18~26세의 청년들이었고, 그중 한 명은 아직도 한국 정규군의 구식 제복을 입고 있었다. 나머지 청년들은 군복 바지나 낡은 한복 차림이었으며, 모두 허리에 손수 만든 무명 탄대를 감고 있었다.

매켄지는 "가죽 구두를 신은 사람은 한 명도 없었다"라고 그의 책에 썼다. 의병이 소지한 무기 역시 매켄지에게 매우 인상적이었다. 여섯 사람이 각각 다른 다섯 종류의 무기를 갖고 있었는데 어느 것이나 제대로 쓸 만한 총이 없었기 때문이다. 매켄지는 그중 한 청년이 화승총을 들고 있고, 팔에는 도화선이 감겨 있었으며, 화약 주머니와 장전용 탄환 주머니가 달려 있었다고 묘사했다.

또 다른 의병들은 실전용이라고 할 수 없는 구식 군총이나, 열 살 어린이에게나 줄 법한 작은 스포츠용 총, 심지어 탄창을 붙인 기마용 권총까지 들고 있었다. 대다수 총에는 중국 마크가 붙어 있었으며, 무명천으로 만든 끈에 총알이 꽂혀 있는 등 전투용으로는 매우 부족한 장비였다.

우리는 죽을 수밖에 없을 것입니다

"설마 이 사람들이 몇 주 동안이나 일본군에 항전할 것을 선언해 온 사람들이라니!" 매켄지의 눈에는 의병들이 싸움에서 살아남을 가능성이 매우 낮아 보였다. 그리고 매우 측은하게만 보였다. 전혀 희망 없는 전쟁에서 이미 죽음이 확실해진 사람들로 생각되었기 때문이다. 그러나 곧 생각이 바뀌었다. 눈빛은 맑고 얼굴에는 자신감이 넘쳤으며, 구식 무기에 대한 걱정, 나아가 죽음 따위는 아랑곳하지 의병들의 태도를 보았기 때문이다. 그들은 해산된 군인, 포수, 농민, 노동자 등 다양한 계층의 청년들이었다.

　매켄지는 "그들이 보여주고 있는 표현 방법이 잘못된 것이었다고 하더라도, 적어도 그들은 자기의 동포들에게 애국심이 무엇인가를 보여주고 있었다"라고 기록하여 의병들의 애국심을 믿어 의심치 않았다. 매켄지가 들은 각 의병의 조직은 매우 허술한 유대 관계를 맺고 있었다. "각지의 부유한 사람들이 기금을 제공하면, 한두 명의 의병이 그 돈을 받아 자기 주위에서 동료를 모으는 식"으로 구성되었기 때문이다. 그러나 의병들은 자신들이 의병을 모집하고, 활동하는 것에 대해 "우리는 죽을 수밖에 없을 것입니다. 그러나 그것으로 좋습니다. 일본의 노예로 살기보다는 자유로운 인간으로서 죽는 편이 훨씬 낫습니다"라고 매켄지에게 말하며 자유민으로서 가치와 결의를 표현했다.

　매켄지는 당시 의병들이 일본군과의 전투에서 후퇴한 직후였음을 기록하고, "일본군 40명이 200명의 의병을 공격했고, 의병들은 4명의 일본군을 사살했다. 일본군도 의병 2명을 살해하고 3명 정도를 부상시켰다"라는 의병들이 전해준 이야기를 덧붙였다. 현장에서 만난 의병들은 매켄지에게 부상당한 동료들의 치료를 부탁하기도 했으나, 그는 기자였기 때문에 가지고 있던 소독약으로 상처를 소독해 주는 것밖에 할 수 없었다.

매켄지는 또 "내가 가는 곳마다 들은 이야기는, 많은 전투에서 일본군이 부상자나 투항자의 전부를 조직적으로 살육했다는 것을 보여준다"라고 회고했다 "일본군이 마을마다 불을 지르고, 반란군을 도운 혐의가 있는 사람을 자비 없이 사살했다"는 증언과 분위기도 그의 책에 기록했다.

이날 양평에서 매켄지가 만난 의병들은 열악한 무기와 장비, 허술한 조직에도 불구하고 자신감과 애국심, 그리고 자유를 위한 결연한 의지를 보여주었다. 마을 주민들은 의병들을 숨기고, 정보를 제공하며, 음식과 피난처를 마련하는 등 지역사회 전체가 하나의 지원망이었다. 매켄지는 이 같은 경험을 바탕으로 1908년 《대한제국의 비극》(The Tragedy of Korea)을 저술했다. 그의 기록은 당시 의병의 실상, 일본군의 탄압, 그리고 마을 사람들의 연대와 지원을 제3자의 시선에서 생생하게 전해 주는 자료라는 점에서 의미가 있다.

한국의 독립 이유를 알리려는 끊임없는 노력

약 1년 6개월간 대한제국에 머무르던 매켄지는 영국으로 돌아갔다. 그리고 1907년에 《베일을 벗은 동양》(The Unveiled East)을, 1908년에는 일제의 침탈과 독립운동, 항일의병의 활동상을 직접 취재한 내용과 그 실상을 담은 《대한제국의 비극》을 출간했다. 매켄지는 《대한제국의 비극》 서문에서 일본의 대한제국에 관한 정책을 다음과 같이 비판했다.

"영국인의 한 사람으로서 나는 확신한다. … 두 번 다시 있을 수 없는 잔인성과 불필요한 살육과 무기력하고 의지할 곳 없는 농민들의 사유재산권을 전면적으로 도적질함으로써 달성될 수 있는 제국주의적 팽창 정책은 우리의 생리에 맞지 않는다는 것이다."

대한제국의 국권이 일본에 강제로 넘어간 후, 매켄지는 한국을 다시 방문했다. 이때 전국에서 벌어지고 있었던 3·1운동을 직접 목격했다. 그리고 1919년 4월, 제암리에서 일어났던 학살 사건도 듣게 되었다. 이에 캐나다 선교사 스코필드(Frank W. Schofield)의 보고를 토대로 이 사건을 보도했다.

《대한제국의 비극》의 표지와 서문.

《자유를 위한 한국인의 투쟁》 본문.

출처: 국가보훈부

국가보훈부에서는 2024년 6월 '이달의 독립운동가'로 매켄지를 선정했다.

1920년 매켄지는 3·1운동을 취재한 경험을 바탕으로 《자유를 위한 한국인의 투쟁》(Korea's Fight for Freedom)이라는 저서를 출간했다. 이 책 서문은 "1919년 봄, 한국인들이 일본에 대항해 펼친 평화로운 봉기는 세계를 놀라게 했다"라는 구절로 시작된다. 매켄지는 "한국인들은 절망하지 않았고, 감옥으로 끌려가면 다른 사람들이 그들의 뒤를 이을 준비가 되어 있었다"라면서, 이러한 상황에서 만약 "문명 세계가 일본이 만행을 저지르지 못하도록 설득하지 못한다면 한국인들이 그 행렬에 참여하려고 기다리고 있다"고 했다.

매켄지는 이 책을 총 19장으로 구성하여 일제가 한국인을 탄압하고 잔혹한 행위를 서슴지 않았던 모습을 적나라하게 드러냈다. 매켄지의 저서는 당시 반일 감정이 상승하던 영국 사회의 분위기와 결합되었으며, 이를 계기로 해서 영국 의회 내 극동 문제를 논의하는 데 상당한 영향을 끼쳤다.

매켄지는 언론과 저술 활동을 통해 일제의 정책과 한국의 실상을 알리는 것뿐만 아니라 한국의 독립운동에 실제적인 도움을 주려고 했다. 이를 위해 1919년 11월, 김규식(金奎植)에게 자신이 한국의 독립을 위해 홍보 사업 분야에서 활동할 수 있다고 알렸다. 그리고 영국에서 지원 활동을 시작했다. 1920년 10월 26일, 매켄지는 영국 런던에서 한국의 독립운동을 지원하기 위해 유력인사들로 구성된 '한국친우회'(英國韓國親友會)를 조직했다.

그는 연설에서 "한국인의 자유 및 정의를 위해 '한국

친우회'를 조직한 것이고 한국인들의 어려움을 개선하기 위해 노력할 것"이라고 밝혔다. 나아가 한국친우회를 창립한 것은 '반일본적 정신'에 의한 것이 아니라, 인도상(人道上) 및 애국적(愛國的) 의무관념상(義務觀念上) 한국의 상황을 묵시할 수 없기 때문"이라고 강조했다.

매켄지가 쓴 《한국의 독립운동》의 말미에는 그의 한국에 대한 깊은 관심과 애정이 고스란히 담겨 있다. 그는 한국인이 열등하다는 일본의 터무니없는 선전을 단호히 반박하며, 비록 구한국 정부는 부패로 인해 무너졌지만, "한국 민중은 기회가 주어질 때마다 그 능력을 증명했다"라고 강조했다.

독립과 생존을 위해 조국을 떠난 한국인들은 만주와 하와이, 미국 본토 등지에서 성실하게 정착해 농업과 산업에 종사했고, 자녀 교육과 신앙, 전쟁 기부와 군 복무에도 적극적으로 참여했음을 강조했다. 그는 전 세계에 흩어진 한국인들의 삶을 통해 "기회만 주어진다면 이 민족은 반드시 그들이 무엇을 할 수 있는지를 보여줄 것"이라 확신했다. 매켄지에게 한국은 억압받는 나라였지만, 동시에 미래를 향해 나아갈 가능성의 나라였다.

매켄지는 의병을 만나러 가면서 일본군의 잔혹한 모습을 볼 수 있었다. 그리고 의병들의 모습에서 자유, 명예, 정의를 찾기 위한 노력을 볼 수 있었다. 이러한 한국인의 모습은 3·1운동에서도 나타났다. 매켄지에게 이러한 인류의 보편적 가치를 억압하는 일본제국주의는 비판하고 타파해야 할 대상이었다. 대한민국정부가 2014년, 매켄지에게 건국훈장 독립장을 추서한 이유이다.

🔍 사건파일

의병전쟁
을사의병에서 13도창의군까지

1905년 11월, '을사조약' 체결이라는 거대한 충격은 한국 사회 전역에 깊은 상처를 남겼다. 이 조약은 대한제국의 외교권을 사실상 박탈하며 나라의 독립성을 송두리째 흔들었고, 이에 대한 분노와 절망은 전국적인 무장 저항으로 이어졌다. '을사의병'은 바로 이러한 격변의 한가운데에서 등장한 항일 의병이다.

을사의병의 봉기는 이전의 의병과 구별되는 여러 특성이 있었다. 우선, 1890년대 '을미의병'이 강렬한 위정척사(衛正斥邪) 의식과 유교적 충의에 바탕을 뒀다면, 을사의병은 민족과 나라를 구하려는 절박한 '구국(救國) 의지'가 더욱 강조되었다. 전국 각지에서는 선비와 유생, 그리고 동학농민운동 이후 사회 변화를 직접 경험한 평민, 심지어 포수와 상인, 노동자 등 다양한 계층이 의병운동에 참여했다.

대표적으로 충청도 홍주(洪州)에서는 민종식이 의병을 이끌어 대규모 전투를 벌였고, 최익현이 주도한 의병은 전라도 태인 관아를 점령하는 성과를 거두기도 했다. 경상도와 강원도의 산간지역에서는 평민 출신 신돌석이 소규모 부대를 지휘하며 유격전의 효시를 보여주었다. 을사의병의 봉기 소식은 장지연의 〈시일야방성대곡〉이 실린 《황성신문》, 그리고 《대한매일신보》 등을 통해 전국에 알려졌다. 해외 독립운동가들은 당시의 상황을 '영광스러운 죽음'이라 평가하며 조국을 위한 투쟁을 독려했다

이 시기 의병의 또 다른 특징은 조직과 전술의 변화였다. 대규모 부대 중심의 을미의병과 달리, 을사의병은 부대 규모는 작아졌으나 발생 빈도와 분포가 크게 늘었다. 이는 포수와 평민층의 참여가 늘어났으며, 유격전과 같은 게릴라적 전술이 처음으로 체계화되기 시작했음을 의미한다. 산악지대와 산림, 촌락을 기반으로 한 소규모 분산 투쟁은 일본군에게는 치명적인 타격을 가했다.

의병의 활동은 지역과 신분의 한계를 점차 극복해나가는 방향으로 진화했다. 유생층과 평민 출신 지휘관이 한 부대에서 협력했고, 각 부대 간에 연합전선을 형성하려는 시도도 있었다. 전라도의 최익현 의병은 충청도의 민종식 의병 및 영남 세력과도 연계하려 했다는 점에서 기존 의병운동의 한계를 넘어서려는 모습을 보여주었다.

'을사조약'이 맺어진 지 2년 정도가 흐른 1907년 7월, 일제는 고종을 퇴위시키고 '정미7조약'을 체결했다. 그리

고 대한제국의 군대까지 강제 해산시켰다. 군대 해산은 전국적 무장 저항을 촉진하는 계기가 되었다. 해산된 군인들은 의병에 합류해 의병 '항쟁'이 '전쟁'이 되는 전환점을 만들었다. 이를 '정미의병'이라고 부른다.

군대 해산 직후인 8월 1일, 박승환 참령의 자결을 신호탄으로 서울에서 시위대가 일본군과 시가전을 벌였다. 이 여파는 즉시 각 지방 진위대로 번져나갔다. 강원도의 원주진위대, 강화의 강화분견대 등이 차례로 봉기해, 포수·농민과 연합하여 일본군을 공격하고, 무기와 탄약을 확보해 의병부대를 조직했다. 이때부터 의병은 해산군인 특유의 군사 훈련과 무기를 바탕으로 전투력이 크게 강화되었다.

정미의병은 기존 의병에 비해 몇 가지 면에서 중요한 발전상을 보여준다. 먼저, 참여계층의 확장이다. 이제 의병장과 병사로 관료·유생뿐 아니라 해산 군인, 포수, 광부, 노동자, 머슴 등 사회 각층이 본격적으로 포진했다. 둘째, 전술과 조직의 진화이다. 부대는 유격전 중심으로 재편되고, 각 도(道) 의병부대 간의 연락과 연합이 활발해졌다.

1907년 11월에는 이인영, 허위, 민긍호 등 주요 인물이 주도해 13도창의군(十三道倡義軍)이라는 전국적 연합 의병 조직이 결성되었다. 13도창의군은 각 도의 의병장과 병력 1만여 명이 경기도 양주에 집결하고, 서울로 진격한다는 '서울진공작전'을 계획했다. 13도창의군은 선발대가 동대문 밖까지 진격했으나, 일본군에게 선제공격을 당한 상태에서 후속 병력을 투입하지 못해 결국 패전하고 만다. 이후 각 의병부대는 해산하고 본거지로 돌아가 장기 항전으로 전환해 저항을 이어갔다.

정미의병이 일제를 대상으로 항쟁하던 시기, 일본은 '남한 대토벌 작전' 등 대규모 초토화 작전을 감행하며 의병 세력의 말살을 노렸다. 그러나 이에 맞서 전라도, 경상도, 강원도 등에서 의병의 활약이 두드러졌고, 포수 출신 홍범도·차도선, 경북의 신돌석, 충북의 이강년, 전라도의 기삼연·심남일 등 다양한 인물이 각지에서 일본군과 교전했다. 이 시기의 의병은 계급·신분·지역의 경계를 넘은 '무장투쟁'의 전형이었다. 일본군의 가혹한 탄압과 내부적 어려움에도 불구하고, 의병들은 연해주와 만주 등 국외로 이동해 무장 독립운동의 토대를 마련했다.

Homer B. Hulbert · 허흘법 許訖法 · 1863~1949

출처: 독립기념관 〈한국독립운동인명사전〉

"한민족은 보통 사람도 1주일이면 터득할 수 있는 '가장 완벽한 문자'인 한글을 발명하였다. … 한민족은 임진왜란 때 이순신 장군이 만든 '거북선 전함'으로 일본군을 격파하여 세계 해군 역사를 빛나게 했다. … 한민족을 빼어나게 만든 업적은 오래전 한 왕에 의해 고안된 '역사 기록문화'이다. … 한민족은 세계사에서 가장 성공적인 '이민족 흡수 문화'를 보여주었다. … 내가 가장 고귀한 가치로 여기는, 1919년 3·1혁명 때 보여준 한민족의 충성심이다."

— 《스프링필드 유니언》 중에서

호머 B. 헐버트

4

외교 주권 되찾으려 헤이그로 달려간 '자발적 외교관'

　결코 평범한 외국인의 시선이 아니다. 호머 베절릴(베잘렐) 헐버트는 한글의 위대함과 이순신 장군의 용맹, 그리고 한민족의 굴곡진 역사와 그 속에서 발휘된 문화적 힘을 누구보다도 깊이 이해했던 인물이었다. '한국인이 가장 사랑한 외국인'이라는 수식어가 자연스러울 만큼, 그는 한국의 역사와 문화를 진심으로 아끼고, 격동의 시기에 온몸으로 한국을 지켜냈던 증인이자 동반자였다.

조선과의 운명적 만남

호머 헐버트는 1863년 1월 26일, 미국 동북부 버몬트 주 뉴헤이븐에서 태어났다. 그의 아버지 캘빈 헐버트(Calvin B. Hulbert)는 미들베리대학 학장이자 존경받는 목사였으며, 어머니 메리 우드워드(Mary E. Woodward)는 다트머스대학 창립자의 외증손녀로, 교육과 신앙이 가득한 집안에서 자랐다. 헐버트 집안은 17세기 초 영국에서 이주한 청교도 후예로, '진실과 정의, 봉사'의 정신을 강조했다.

헐버트는 3남 1녀 중 둘째로, 어린 시절부터 집안 도서관에서 고전과 역사책을 읽으며 지적 호기심을 키웠다. 1875년, 아버지가 미들베리대학 총장으로 임명되자 가족은 미들베리로 이주했고, 그곳에서 중·고등학교를 다녔다. 학창시절부터 뛰어난 학업 성적을 보였으며, 동아리 활동과 봉사에도 적극적이었다.

이 시절, 가족과의 신앙 모임이나 학교 내 토론회에서 남다른 모습을 드러냈다고 한다. 고등학교 졸업 후, 헐버트는 외가와 깊은 인연이 있는 다트머스대학에 진학했다. 인문학과 과학, 종교 등 다양한 분야에 관심을 보였는데, 언어와 세계사, 신학에 심취해 지적 호기심을 넓혀갔다. 졸업 후, 아버지와 형을 따라 유니언 신학대학(Union Theological Seminary)에 입학해 신학자의 길을 준비했다.

1882년, 조선과 미국 사이에 '조미수호통상조약'이 체결되었다. 조선정부는 1883년에 민영익(閔泳翊)을 정사로 하는 보빙사(報聘使)를 미국에 파견했다. 이 보빙사 일원으로 미국을 방문했던 홍영식(洪英植), 서광범(徐光範) 등은 귀국 후에 새로운 문물을 도입하고 영어를 가르치기 위한 학교 설립을 건의했다. 고종은 이들의 제안을 받아들여 '육영공원' 설립을 허락했다. 조선정부는 윤치호(尹致昊)를 통해 주한 미국 공사 루시어스 푸트(Lucius H. Foote)에게 미국인 교사 3명을 추천해 달라고 요청했고, 푸트는 이를 본국에 보고했다.

　　당시 미국 교육위원장 존 이튼(John Eaton)이 교사 선임을 담당하게 되었고, 그는 대학교 동창인 헐버트의 아버지에게 두 아들 중 한 명을 추천해 달라고 부탁했다. 형 헨리(Henry W. Hulbert)는 자신의 진로를 이유로 고사했으나, 호기심 많고 도전정신이 강했던 헐버트는 "한 번도 들어본 적 없는 '조선'에 가보고 싶다"며 지원했다.

　　그러나 1884년 갑신정변 등 조선 내 사정으로 교사 초빙이 몇 년간 연기되었다가 1886년 공식 초빙이 성사되었다. 헐버트는 벙커(Dalziel A. Bunker), 길모어(George W. Gilmore)와 함께 선발되어 1886년 7월 4일 제물포항에 첫발을 내디뎠다. 그리고 서울 정동에 자리를 잡았으며 그때부터 그의 '한국과의 평생 인연'이 시작되었다.

지리·사회 교과서의 원형을 만들다

한국에 도착한 후 헐버트와 동료들은 육영공원의 운영 방안을 고민했다. 이들은 학교의 규칙과 운영방침을 18개 조항으로 구성하고 '육영공원설학절목'(育英公院設學節目)을 만들었다. 교사 임용, 입학·분반, 출결 규정, 수업시수와 과목 선정 등 세세한 제도가 이 규정에 담겼다. 육영공원의 기본 운영은 조선정부가 관리했으나, 실질적인 수업과 교재 개발은 외국인 교사에게 전적으로 위임되었다.

헐버트는 학생들에게 지리, 역사, 수학, 정치, 경제학, 국제법 등 여러 과목을 가르쳤다. 그러나 그는 조선사회가 '세계 속에서 자신을 알기 위해 가장 절실히 필요한 것'은 세계지리와 각국의 정치·경제라고 생각했다. 한글로 써진 교재가 없는 상황에서, 그는 직접 한글로 교과서를 집필하기 시작했다. 그 결과물로 1890~1891년 사이에 《사민필지》(士民必知)가 출간되었다. 이 교과서는 조선사회에 큰 반향을 일으켰다. 지형, 기후, 산맥, 인구, 언어, 군사, 세계 각국의 풍습·제도·경제 등 폭넓은 정보를 한글로 해설하며, 지배층뿐 아니라 평민도 읽을 수 있도록 평이하게 서술되었기 때문이다.

이후 《사민필지》는 지리·사회 교과서의 원형이 되었고, 1909년 일제 통감부가 한글 교재 전반의 출판·판매를

출처: 독립기념관 〈한국독립운동인명사전〉

육영공원 강의실에서 대화를 하고 있는 헐버트.

금지할 때까지 널리 사용되었다. 1888년 4월, 1차 계약이 끝난 후에도 헐버트는 조선에 남기를 희망했고, 조선정부와 3년 추가 계약을 체결했다. 그러나 3차 계약은 조선 내 보수적 관료들의 반대로 성사되지 못했다.

    헐버트는 1892년 아쉬움 속에 미국으로 귀국했지만 1893년에 미국 감리교 선교사 자격으로 조선에 다시 돌아왔다. 당시 감리교 선교사였던 아펜젤러(Henry G. Appenzeller)는 배재학당에 있던 삼문출판사(三文出版社, Tri-lingual Press)의 새로운 책임자를 찾고 있었다. 당시 삼문출판사는 국내에서 유일하게 근대식 인쇄가 가능한 출판사로, 1892년 최초의 영어월간지 《한국 소식》(The Korean Repository)을 발간하는 등, 다양한 종교 서적과 일반 교양서를 대량으로 인쇄·보급하는 역할을 하고 있었다.

아펜젤러는 헐버트가 육영공원 시절부터 보여준 인쇄와 출판에 대한 능력을 높이 평가하여, 미국 감리교 본부에 그를 추천했다. 당시 헐버트는 버나드대학 총장직 제안을 받았지만, 이를 고사하고 다시 한국행을 선택했다. 삼문출판사의 책임자가 된 헐버트는 잠시 중단되었던 《한국 소식》의 발간을 재개했고, 인쇄 설비를 확충해 출판사의 활동 범위를 넓혀 나갔다.

헐버트는 1896년 서재필이 주도한 《독립신문》 창간에 적극적으로 참여했다. 서재필의 요청을 받은 그는 신문 제작을 전폭적으로 지원하며 인쇄 인력 두 명을 제공했고, 영어판의 편집과 기사 작성까지 직접 맡았다. 신문이 처음 나올 당시에는 실제로 제작 실무부터 콘텐츠까지 깊이 관여했다. 이와 함께 헐버트는 배재학당에서 학생들을 가르치는 등 교육에도 꾸준히 힘썼다. 1897년 5월에는 조선정부와 계약을 맺고 한성사범학교 책임자가 되었고, 1900년부터 1905년까지는 관립중학교(현 경기고) 교사로도 활동했다.

조선에 머무는 동안 헐버트는 정부에 교육문제에 대

1889년 5월 16일자 《독립신문》.

한 다양한 의견을 제시했다. 그리고 자신의 생각을 논설로 발표하며 사회적 영향력을 넓혀갔다. 1901년부터는 자신이 직접 발간하던 《코리아 리뷰》(The Korea Review)에 한국사 관련 글을 4년에 걸쳐 연재했고, 이 글들을 묶어 1905년에는 《한국사》(The History of Korea)라는 책을 펴냈다. 1906년에는 한국의 역사와 사회, 문화, 풍습을 소개하는 영문 저서인 《대한제국 멸망사》(The Passing of Korea)도 출간했다. 음악에도 관심을 가졌다, 1896년 2월에는 《한국 소식》에 〈한국의 노래〉(Korean Vocal Music)라는 논문을 발표하며, 구전되던 〈아리랑〉을 처음으로 서양 악보로 채보해 소개했다.

앞에서 살펴본 것처럼, 헐버트가 다시 한국에 오게 된 데에는, 감리교 선교사이자 조선 선교계의 지도자였던 아펜젤러의 영향이 컸다. 아펜젤러는 일반 선교사들과 달리 조선의 정치·사회 문제에 깊은 관심을 두었고, 헐버트도 이런 시각에 공감했다. 한국의 정치·사회 현실에 관한 그의 생각은 《한국 소식》에 편집부 명의로 꾸준히 실렸다.

헐버트가 작성한 기사 중에서 인상적인 것 하나는 1895년 10월 명성황후 피살부터 1897년 11월 장례까지의 상황을 직접 기록하고, 일본으로 송환돼 재판을 받은 미우라 고로(三浦梧樓)의 판결문을 적은 것이다. 이 기사에서 헐버트는 미우라가 명성황후 시해의 주범임이 분명함에도, 일본이 이를 조직적으로 은폐하고 있다고 강하게 비난했다.

더 나아가, 자신의 회고록에서는 일본의 만행과 명성황후 시해 사건에도 불구하고 조선과 조약을 맺은 열강들이 모두 침묵하고 있는 현실을 신랄하게 꼬집었다. 명성황후가 시해된 후, 고종은 큰 상실감과 신변의 위협을 느껴 미국 공사를 통해 선교사들의 입궁을 요청했다. 선교사들이 자신을 보호해줄 수 있다고 믿은 것이다.

당시 미국 공사 실(John M. Sill)은 선교사들에게 고종의 신변을 지키기 위해 궁궐 근처에 머물러 달라고 요청했고, 헐버트는 언더우드, 에이비슨 등과 함께 이 일에 직접 나섰다. 1895년 11월 28일, 친미·친러파 관리와 군인들이 고종을 궁 밖으로 탈출시키려다 실패한 '춘생문 사건'에도 헐버트는 직접 관여했다.

명성황후가 시해된 지 10년 정도가 지난 1904년, 러일전쟁이 발발했다. 일본은 대한제국 내정에 본격적으로 개입하고 이를 국제적으로 인정받으려 했다. 고종은 이에 맞서 미국의 지원을 얻으려 했고, 1882년 조미수호통상조약의 '거중조정' 조항을 근거로 미국에 도움을 요청했다. 그러나 미국은 이를 받아들이지 않았다. 고종이 조민희와 윤병구 등을 통해 대통령과 국무장관에 여러 차례 청원서를 보냈으나 모두 거절당했다.

이에 고종은 외국인 비밀 특사를 통해 미국 대통령에게 직접 도움을 요청할 것을 결정했다. 민영환은 특사로 헐버트를 추천했다. 이는 헐버트가 육영공원 시절부터 고종과 각별한 신뢰 관계를 맺고 있었고, 감리교 선교회의 공식 입장에 구애받지 않는 위치였기 때문이었다. 헐버트는 이를 받아들였다.

1905년 10월 20일, 헐버트는 고종의 친서를 들고 요코하마를 거쳐 샌프란시스코로 출발했다. 워싱턴에 도착한 그는 대통령에게 직접 친서를 전달하려 했으나, 백악관과 국무성 모두 면담을 거절했다. 헐버트는 여러 경로를 통해 만남을 시도했으나 번번이 거절당했다. 그는 포기하지 않고 고종의 친서를 접수하기 위해 노력했다. 1905년 11월 25일, 마침내 국무장관인 엘리후 루트(Elihu Root)에게 고종의 친서를 전달할 수 있었다.

　그러나 얼마 지나지 않아 대한제국과 일본 사이에 새로운 협약이 체결되면서, 미국 정부는 고종이 보낸 친서의 효력이 더 이상 인정되지 않는다는 입장을 밝혔다. 바로 1905년 11월 17일 체결된 '을사조약'(제2차 한일협약)이다. 이 조약으로 대한제국은 외교권을 완전히 상실하고, 일본이 모든 외교 업무를 관장하게 되었다.

　미국은 당시 일본의 대한제국 침략과 내정간섭을 용인하는 태도를 취하고 있었다. 시어도어 루스벨트 대통령은 러일전쟁 당시 "한국 문제에 개입할 의사가 없다"는 입장을 분명히 했다. 그리고 미국은 가쓰라·태프트 밀약을 통해 필리핀에서의 권익을 보장받는 대신 일본의 한반도 지배를 사실상 인정했다. '을사조약'이 체결됐다는 소식을 들은 직후에는, 곧바로 주한 미국 공사관의 철수를 지시하기도 했다.

이러한 일련의 과정에서 볼 때, 미국정부는 '을사조약'이 공식적으로 성립되기를 기다렸다가 헐버트가 전달한 고종의 친서를 접수하고, 이를 조약 체결을 이유로 돌려보낸 것으로 이해할 수 있다. 이후 헐버트는 고종에게 이러한 미국의 입장을 전했고, 미국 상원의원 모건(Morgan) 등에게 대한제국의 실정을 알리며 일본에 대한 견제를 요청했다.

반드시 대가를 치르게 될 것

1906년 8월, 제2차 헤이그 만국평화회의가 47개국이 참가한 가운데 열린다는 소식이 알려지자, 고종은 국제사회에 '을사조약'의 부당함을 알리기로 결심했다. 이에 1906년 6월 22일, 헐버트를 헤이그 특사로 임명하고, 그에게 미국, 영국, 프랑스, 독일, 러시아, 오스트리아-헝가리, 이탈리아, 벨기에, 중국 등 주요 열강을 상대로 한 특별사절 임명장과 전권을 부여했다.

그러나 만국평화회의 일정이 1907년 6월로 연기되었고, 이상설, 이준, 이위종 역시 특사로 함께 파견되었다. 1907년 5월 중순, 헐버트는 블라디보스토크를 거쳐 시베리아 횡단 열차로 상트페테르부르크에 도착했다. 그는 러시아 외무장관 이즈볼스키(Alexander Izvolsky)를 만나 러시아 황제와의 면담을 시도했으나, 당시 러시아는 정세 안정을 위해 일본과 협력 관계를 모색 중이었기에 헐버트의 면담 요청을 받아들이지 않았다.

러시아에서 뜻을 이루지 못한 헐버트는 베를린으로 이동했다. 그곳에서 그는 만국평화회의 국제협회장인 스테드(W. T. Stead)를 만나 대한제국의 상황을 설명하고 지지를 요청했다. 스테드의 도움으로 헐버트는 만국평화회의 협회 회보인 《평화회의보》에 대한제국 특사의 '공고사'(控告詞) 원문을 실을 수 있었다. 그는 "한국이 왜 제외되었는가?"라는 논설을 게재하여 특사들의 활동을 국제사회에 알릴 수 있었다.

이후 헐버트는 스위스에서 언더우드를 만나 미국의 협력을 얻어낼 필요성에 대해 논의한 뒤, 파리로 이동했다. 이곳에서 그는 "고종 황제가 일본의 불법적 조약 체결에 항의하려고 나를 비밀리에 보냈다는 소문이 있는데, 사실과 다르다"라고 말함과 동시에 "일본은 한국에 대한 모든 통제권을 독점하려 하고 있으니, 서구 열강이 이 사안을 외면할 경우 후일 반드시 대가를 치르게 될 것"이라고 경고했다.

헐버트의 이런 행보는 곧 일본에 알려졌다. 일본 정부는 파리와 워싱턴의 일본 공관에 헐버트의 움직임을 철

출처: 국립중앙도서관 대한민국 신문 아카이브
헐버트의 연설을 보도한 《대한매일신보》(1907. 12. 15.).

저히 감시하라고 지시했다. 이러한 상황에서 헐버트는 1907년 6월 말, 런던에서 열린 복음주의연맹(The Evangelical Alliance) 회의에 참석하고, 두 차례에 걸쳐 연설하며 일본의 한반도 침탈이 기독교 발전에도 해를 끼친다는 점을 역설했다.

1907년 7월 10일, 헐버트는 헤이그에 도착했다. 그리고 스테드의 요청으로 평화클럽에서 연설을 하게 되었다. 이때 일본의 침략과 문화재 약탈 사례(경천사 10층 석탑 반출 등)를 들어 일본의 불법적 행동을 강하게 비판했다. 헐버트의 활동에도 불구하고 일본 측은 헤이그 특사들의 활동을 강하게 방해했다. 결국, 만국평화회의 본회의에는 참석하지 못했고, 헤이그 특사 파견의 본래 목적도 끝내 이루지 못했다.

이후 헐버트는 이상설 등과 논의 끝에 미국으로 활동 거점을 옮길 것을 결정했다. 7월 19일 뉴욕에 도착한 그는 곧 미국 언론과 사회를 상대로 일본의 한반도 침략의 부당성과 한국의 자유를 강력하게 호소하기 시작했다. 헐버트는 일본이 '을사조약'을 위협과 기만으로 체결했고, 한국인의 자유와 존엄성을 빼앗았다고 강조했다. 이에 더하여 토지 수탈과 친일파의 관직 독점 문제 등도 지적했다.

한국을 어찌할 것입니까

7월 22일 《뉴욕 타임즈》는 헐버트의 주장을 자세히 실었고, 같은 날 《뉴욕 헤럴드》 역시 "한국의 옥새가 강탈 당했으며, 고종이 결코 조약에 서명하지 않았다"라는 헐버트의 증언을 보도했다. 그는 이처럼 언론과 강연, 그리고 한인 공동체와의 만남을 통해 세계 여론에 한국의 현실을 적극적으로 알렸다.

1910년, 대한제국이 일본에 의해 강제적으로 병합되자, 헐버트는 깊은 분노와 슬픔을 감추지 못했다. 이후 그

출처: 독립기념관 〈한국독립운동인명사전〉

1949년 한국을 방문한 헐버트.

는 줄곧 일본의 침략과 만행을 국제사회에 알리는 데 힘을 쏟았다. 1912년 7월에는 《뉴욕 헤럴드》에 조선총독부가 조작한 '105인 사건'을 강하게 비판하는 글을 실어, 한국에 가해진 일본의 탄압을 알렸다. 또 1918년에는 여운형과 함께 파리강화회의에 제출할 독립청원서를 작성했고, 1919년 3월부터 6월까지는 김규식 등과 더불어 한국의 독립을 호소하는 다양한 외교 활동을 펼쳤다. 같은 해 8월, 미국 상원 외교위원회에 제출한 〈한국을 어찌할 것입니까?〉라는 진술서를 통해 일본의 잔혹한 식민지배의 실상을 고발했다.

　3·1운동이 일어난 1919년에도 헐버트는 자신의 견해를 분명히 밝혔다. 필라델피아에서 발행된 《미주 한국평론》(Korea Review) 1919년 10월호에 실린 〈제1차 세계대전과 한국〉(Korea's Part in the War)이라는 글에서, 그는 '인류애가 고상함이나 영웅주의에 가려진다면, 그것은 인류에 대한 반역'이라고 썼다. 나아가 3·1운동을 '신의 손(hand of God)이 작용한 일'로 해석하며, 한국인의 독립이 천부적인 권리임을 강조했다. 이후에도 헐버트는 다양한 강연과 저술을 통해 한국의 독립을 지지했다.

　1921년 3월 2일, 뉴욕 타운홀에서 열린 3·1운동 2주년 기념식에서 연사로 나섰다. 1924년에는 미국 태평양 연안 지역을 돌며 한국의 독립 의지를 알리는 순회강연을 하겠다고 발표했다. 1930년에는 구미위원부에서 발간한 《한국은 독립되어야 한다》를 집필했고, 1934년에는 이승만이 발간을 주도한 잡지 《오리엔트》(Orient)에 필진으로 참여했다.

　헐버트는 광복 후인 1949년 7월 29일, 대한민국정부의 공식 초청을 받아 8·15광복절 기념행사 참석차 한국을 다시 방문할 수 있었다. 그러나 노환으로 내한 7주 만인 8월 5일에 세상을 떠났다. 8월 11일, 외국인으로서는 처음으로 사회장 영결식이 치러졌고, 그는 유언대로 서울 양화진 외국인 묘지에 안장되었다.

대한민국정부는 헐버트의 공헌을 인정해 1950년 3월 1일 외국인 최초로 그에게 건국공로훈장 독립장을 수여했으며, 2014년 10월 9일에는 한글 발전에 기여한 공로를 기려 금관문화훈장을 추서했다. 헐버트는 20년 넘게 한국에서 교육자, 언론인, 한글학자, 선교사, 독립운동가로 살았다. 미국인임에도 조선을 자신의 '제2의 조국'으로 여겼고, 평생을 한국의 미래를 위해 헌신했다.

🔍 사건파일

만국평화회의 특사단
헤이그에 파견해 국제적 도움을 청한 고종

1905년 러일전쟁 이후 일본은 국제정치의 흐름을 등에 업고 한국 '병합'을 위한 외교적 압박을 가했다. 1905년 11월 일본은 고종과 대신들에게 압력을 행사했다. 이는 대한제국의 외교권을 박탈하는 '을사조약'의 강제 체결로 이어졌다. 고종은 이 조약의 부당함을 알리기 위해 외교적인 노력을 계속했다. 헐버트 등 외국인 지인을 통해 미국과 각국에 조약 무효를 호소하고, 미국정부에 공동 조사를 요청하기도 했지만, 그 목적을 이루지 못했다. 이후 고종은 국제사회의 도움을 기대하며, 1907년 네덜란드 헤이그에서 개최될 제2회 만국평화회의에 특사를 보내기로 했다. 평화회의는 제국주의 열강들이 군비 축소와 평화 유지를 논의하는 자리였으나, 일본의 대한제국 침탈을 국제사회에 폭로할 마지막 기회라고 판단한 것이다. 특사단은 정사 이상설, 부사 이준, 참서관 이위종 등 세 명이었으며, 미국인 헐버트도 독자적으로 특사 역할을 맡았다. 이상설과 이준은 1907년 봄, 블라디보스토크에서 합류하여 러시아 상트페테르스부르크를 거쳐 헤이그에 도착했고, 이위종은 현지에서 합류했다.

특사단은 헤이그에 도착하자마자 평화회의 위원회와 의장, 네덜란드 외무장관 등에게 고종의 친서를 전달하고 공식 참석을 요청했다. 그러나 이미 일본의 한국 보호권을 인정한 열강들의 냉담한 반응에 부딪혔다. 열강은 을사늑약의 효력을 부정할 수 없다는 이유로 회의 참석과 발언권을 허용하지 않았다. 이들은 부득이하게 선언문인 〈공고사〉를 작성, 배포하며 언론과 여론에 호소했다. 그러나 미국, 영국 등 주요 국가들은 이미 일본과 맺은 가쓰라-태프트 밀약, 영일동맹 등으로 인해 특사단의 호소를 외면했다. 러시아 역시 1907년 7월 일본과의 비밀협약을 통해 일본의 한국 지배를 묵인하는 쪽으로 돌아서 특사단을 지원하지 않았다. 결과적으로 한국 특사의 외교활동은 국제질서의 냉혹함 속에서 사실상 성과를 거두지 못했다. 결국, 특사단의 회의 참석은 거부되었다. 특사들은 유럽 각국을 돌며 외교활동을 이어갔으나, 이미 국제질서에서 대한제국의 호소는 외면당한 상태였다.

당시 헤이그 만국평화회의는 '평화'보다는 강대국 간 세력균형과 식민지 분할을 조율하는 자리에 불과했다. 고종과 특사단은 만국공법의 원칙에 따라 '을사조약'의 불법성을 알리고, 열강의 공동 진상조사와 국제중재를 요구했으나, 국제사회의 현실은 '힘의 논리'가 우선시되었다. 그러나 헤이그 특사 파견은 몇 가지 중요한 역사적 의미를 지닌다. 먼저, 식민지화의 위기 속에서 약소국이 국제사회에 직접 호소하고, 부당한 조약의 불법성을 알리려 했다는 점에서 국제법적 문제 제기의 사례로 평가된다. 둘째, 세계평화를 표방하는 국제회의가 실제로는 강대국의 이익에 따라 움직인다는 점을 여실히 보여주었다. 셋째, 국가 간 갈등에 있어 국제법과 만국공법의 한계를 드러낸 사례이기도 했다.

헤이그 특사 사건 이후, 일본은 이를 구실로 고종을 강제로 퇴위시키고(1907.7.18) 순종을 즉위시켰다. 이어 통감부는 내각에 압력을 가해 7월 24일 이완용을 전권대표로 하여 '정미7조약'(한일신협약)을 체결했다. 이 조약은 한국 정부의 인사권, 입법·행정·사법의 중요 사안에 대한 일본 통감의 승인을 의무화하고, 각 부서 차관을 일본인으로 임명하도록 했다. 이어 '신문지법'과 '보안법' 등 각종 법령이 연이어 공포되었고, 7월 31일에는 군대 해산이 단행되었다. 이후 대한제국정부는 통감부의 지시에 따라야 했으며, 국왕은 명목상 존재일 뿐 실질적 통치권은 일본 통감이 행사하게 되었다. 1909년에는 사법·감옥사무, 경찰권까지 일제의 통감부로 넘어가 한국의 내정과 군사, 외교, 치안에 이르기까지 모든 권한이 일본에 장악되었다.

1909년 7월, 일본 내각은 '한국병합 실행'을 최종 방침으로 확정했다. 그리고 1910년 8월 22일, 이완용과 데라우치 마사타케 사이에서 '한일병합조약'을 체결되었다. 대한제국은 국호를 '조선'으로, 황제는 '이태왕'으로 강등당했다. 이와 함께 조선총독부가 설치되어 일본의 식민통치가 본격화되었다.

2부

식민지 조선을 지키기 위한 용기

러일전쟁 이후, 일본은 내정간섭을 강화하고, 1905년 '을사조약'을 강제로 체결한 데 이어 1910년에는 결국 한국을 식민지로 만들었다. 이후 일본제국은 식민지 조선에 언론, 출판, 집회, 결사의 자유를 제한했고, 치안유지법 등 각종 법률을 활용하여 조선인의 독립운동을 탄압했다. 더구나 1937년 이후에는 강력한 동화정책인 '황민화정책'을 추진하며 창씨개명, 신사참배 등을 강요했으며, 조선인을 전쟁에 동원하여 큰 고통을 주었다. 하지만 이러한 암흑의 시절에도 조선의 고통을 외면하지 않고 용기 있게 행동한 외국인들이 있었다. 프랭크 W. 스코필드, 황쥐, 로버트 G. 그리어슨, 루이 마랭, 추푸청, 조지 S. 맥큔은 각기 다른 국적과 배경을 지녔지만, 식민지 조선의 참혹한 현실을 직시하고 두려움 없이 조선인을 위한 실천에 나섰다. 그들은 조선인의 고통을 멀리서 지켜보는 방관자가 아니었다. 불이익과 위험을 무릅쓰고 현장에서 함께했고, 때로는 일제의 감시와 위협 속에서도 조선의 독립과 존엄을 지키기 위한 목소리를 내는 데 주저하지 않았다. 이들의 행위는 단순한 우정이나 동정이 아니었다. 그것은 불의에 맞선 인간으로서의 용기였으며, 자유를 억압당한 민중의 편에 서려는 깊은 양심의 실천이었다. 조선을 위해 싸운 이들의 용기는 역사의 한복판에서 빛나는 증언으로 남아 있다.

2부의 주요 사건

1902.
함경도 성진에
제동병원 설립

1906.
숭실학교 대학부 설립
(이후 숭실전문학교)
평양, 기독교계
근대전문학교

1908. 7. 10.
경성감옥 개소

1910. 8. 29.
무단통치 시작
'한국병합' 직후,
일본의 식민지
통치 실시

1919. 4.
대한민국임시정부
한국통신국(파리)
설치
파리강화회의 대응
통신국 설립

1919. 4. 11.
대한민국임시정부 수립
상하이, 임시정부 공식
출범

1919. 4. 15.
제암리 학살사건
경기도 화성군 제암리,
일본군 민간인 학살

1919. 3. 1.부터
3·1운동 전개
전국적으로 만세 시위

선천 3·1운동
평안북도 선천,
신성학교 학생 등
주도

성진 3·1운동
함경북도 성진,
만세시위 전개

1919. 1. 18.
파리강화회의 개막
1차세계대전 이후
국제질서·식민지
문제 논의 시작

1920. 3. 5.
조선일보 창간

1920. 4. 1.
동아일보 창간

1920. 10. 26.
영국 한국친우회
결성
런던에서 결성

1923. 1. 3
국민대표회의 개최
상하이, 임시정부
개혁 논의

1923.
서대문감옥 →
서대문형무소 개칭

- **1912.** 경성감옥 → 서대문감옥 개칭
- **1912.** 신아동제사 창립
- **1914. 7. 28.** 제1차 세계대전 발발
  유럽에서 세계대전 시작
- **1916.** 신아동맹당 창립
  도쿄, 독립운동 청년단체

- **1919. 1. 1.** 북미한인유학생총회 개최
  미국, 한인 유학생 민족운동 단체 창립
- **1918. 하반기** 신한청년당 창립
  여운형 등, 상하이에서 조직
- **1918. 1. 8.** 윌슨 14개조 원칙 발표
  미국 대통령, 민족자결주의 등 천명
- **1917. 5. 14.** 세브란스의학전문학교 설립 인가
  조선총독부, 공식 인가
- **1917. 10.** 선천 신성학교 설립
  평안북도 선천, 민족계 신학교 설립

> 1920년대 '문화통치' 시기: 일제, 무단통치에서 부분적 회유·문화정책 전환

- **1929. 10. 24.** 경제대공황 시작
  미국 뉴욕 증시 붕괴, 세계 경제 위기 봉착
- **1931.** 한인애국단 결성
  김구 주도, 임시정부 산하 의열투쟁단체
- **1932. 4. 29.** 윤봉길 의거
  상하이 훙커우공원, 일본 주요인사 대상 폭탄 의거
- **1935.** 신사참배 거부 운동
  숭실전문학교 등, 평양 일대에서 확산

Frank W. Schofield · 석호필 石虎弼 · 1889~1970

출처: 국가보훈부 공훈전자사료관

"조선에 있을 때에 여러 번 '우리의 장래에 대하여 희망을 가지느냐' 고 묻는 말을 들었습니다. 나는 두말없이 희망을 가졌다고 합니다. 조선은 과거에 이미 위대한 사업을 끼쳤으니 한 번 이룬 일은 다시 이룰 수 있는 것입니다. 조선 사람은 큰 사업을 성취하는 데 어느 나라 사람에게나 지지 않을 것입니다."

— 《동아일보》(1926. 9. 17.) 중에서

5

일본군의 탄압을 사진으로 기록해
조선을 지킨 수의사

    1926년 9월 17일자와 9월 19일자 《동아일보》에는 2회에 걸쳐 〈조선의 친구여〉라는 제목으로, 캐나다로 귀국하는 한 외국인의 편지 내용이 게재되었다. 편지의 내용을 보도한 기자는 이 외국인을 '조선의 친구'라고 표현했다. 한국인을 친구라고 생각한 외국인, 한국의 독립과 발전을 끊임없이 지원한 외국인, 한국과 한국인의 잠재력을 믿었던 캐나다인이 있었다. 해방 이후, 그는 한국에서 활동하다 1970년에 서거했다. 장례식은 광복회 주관 사회장으로 진행되었으며, 유해는 동작동 국립묘지 애국지사 묘역에 안장되었다. 이 이야기의 주인공은 '34번째 푸른 눈의 3·1운동 민족대표'라고 알려진 프랭크 윌리엄 스코필드이다.

3·1만세운동을 함께 준비한 의대 교수

프랭크 윌리엄 스코필드는 영국 워릭셔주 럭비에서 태어나, 일찍이 어머니를 여의고 계모 손에서 성장했다. 그는 고등학교까지 영국에서 마친 뒤 농장에서 일하다가, 1907년 홀로 캐나다로 이주해 새로운 삶을 시작했다. 토론토의 농장에서 일하며 공부를 병행한 끝에 토론토대학교 온타리오 수의과대학에 진학할 수 있었고, 그곳에서 세균학을 전공했다.

1911년에는 수의학 박사학위를 받았으며, 이어 피아노를 전공한 앨리스와 결혼했다. 1914년부터 모교에서 세균학 강사로 근무하던 스코필드는 1916년 봄, 세브란스 의학전문학교 교장 올리버 에이비슨(Oliver R. Avison)으로부터 세균학을 가르칠 인재가 필요하다는 편지를 받았다. 고민 끝에 주변의 만류에도 불구하고 식민지 조선으로 갈 것을 결심했다.

1916년 11월, 스코필드는 아내와 함께 식민지 조선에 도착했다. 서울에 온 이후 당시 사람들에게 존경받고 있던 교사 목원홍(睦源洪)에게 한국어를 배우기 시작했고, 세브란스 의학전문학교에서 세균학과 위생학을 강의했다. 이 시기에 그는 '석호필'(石虎弼)이라는 이름을 스스로

출처: 독립기념관 〈한국독립운동인명사전〉
스코필드와 그의 통역관이자 한국어 선생인 목원홍.

지어 자랑스럽게 썼다. '돌 석'(石)은 단단한 의지, '호랑이 호'(虎)는 용기, '도울 필'(弼)은 어려운 이웃을 돕는다는 의미를 담았다.

그의 한국 생활은 단순히 강의와 연구에 그치지 않았

출처: 국제문화홍보정책실

스코필드가 덕수궁 대한문 앞에서 촬영한 3·1운동 모습.

다. 한국에서 일제의 식민지 지배의 현실을 마주한 그는 점차 한국인들의 고통과 독립운동에 관심을 보이게 되었다. 1919년 2월 5일 저녁, 이갑성(李甲成)이 세브란스 의학전문학교로 스코필드를 찾아왔다. 이갑성은 당시 세브란스 병원 제약부 담당으로 재직 중이었다.

3·1운동이 일어났을 때 개신교 대표의 한 사람으로 민족대표 33인에 참여했고, 학생 시위를 조직하는 데 앞장섰던 인물이었다. 당시 국제 정세를 알기 어려웠던 이갑성은 스코필드에게 세계 신문과 잡지의 기사 및 파리평화회의와 민족자결주의에 관한 정보를 제공해달라고 부탁했다. 스코필드는 흔쾌히 돕겠다고 답하며, 자료를 찾아 상세한 설명을 덧붙여 건넸다.

3·1운동을 앞두고 스코필드는 학생들과 독립운동가

들의 신뢰를 받는 외국인으로 준비 과정에 참여했다. 2월 28일 밤, 이갑성은 스코필드를 다시 찾아왔다. 이 자리에서 독립선언문을 보여주며 영어 번역, 미국 백악관 송부, 3월 1일 아침에는 파고다 공원 만세시위 현장 사진 촬영을 부탁했다.

3월 1일, 스코필드는 자전거에 카메라를 싣고 시위 현장으로 달려갔다. 그리고 조선 민중의 만세운동을 직접 촬영했다. 오늘날 남아 있는 3·1운동 초기 사진들은 대부분 그의 카메라에 담긴 기록이다. 스코필드는 3월 1일의 모습을 아래와 같이 회고했다.

"그날 오후 2시 10분 파고다 공원에 모였던 수백 명의 학생이 10여 년간 억눌려 온 감정을 터뜨려 '대한독립만세'를 외치자 뇌성벽력 같은 소리에 공원 근처에 살던 시민들도 크게 놀랐다. 공원 문을 쏟아져 나온 학생들은 종로 거리를 달리며 몸에 숨겼던 선언서들을 길가에 뿌리며 거리를 누볐다. 시위 학생들은 덕수궁 문 앞에 당도하자 붕어하신 고종에게 조의를 표하고 잠시 멎었다. 그러나 무슨 영문인지 모르고 모여든 사람들이 이들로부터 자주독립의 소식을 듣고 환호성을 올리는 바람에 기쁨과 흥분은 또 한 번 소용돌이쳤다."

사진과 투고로 전 세계에 증언

3·1운동이 일어나자 조선총독부는 이 운동을 적극적으로 주도한 사람들을 검거하기 시작했다. 스코필드는 학생들을 비롯하여 시위에 참여한 사람들을 최대한 보호하기 위해 노력했다. 그리고 서울역(당시 경성역)에 자주 나가 구속된 사람들이 서울로 압송되어 오는 광경을 사진 찍었다. 스코필드는 3월 1일 만세시위 이후 그동안 자신이 보고 느낀 것을 정리하여 당시 한국에서 발간되고 있던 영어신문인 《서울프레스》(The Seoul Press)에 투고했다.

이 신문사의 목적은 일본의 정책을 선전하는 것이었지만 신문사 사장은 '어느 외국 친구'라는 이름으로 스코필드의 글을 실어주었다. 이 기사는 1919년 4월 13일자 신문에 게재되었다. 기사에서 스코필드는 일본이 한국에 혜택을 주었다고 선전했지만, 한국 사람들이 왜 어리석을 정도로 용감하게 궐기했는지를 생각하고 반성해야만 한다고 주장했다.

1919년 4월 17일, 스코필드는 경기도 수원 일대에서 전해진 충격적인 소식을 들었다. 화성군 제암리와 수촌리에서, 만세시위에 대한 보복으로 일본군이 마을 주민을 무참하게 학살하고, 마을을 불태웠다는 내용이었다. 스코

출처: 공공누리

학살사건으로 폐허가 된 제암리 민가의 모습.

필드는 이 소식을 접하자마자 다음 날 아침 수원행 기차에 몸을 실었다. 장애로 팔과 다리가 불편했지만, 그는 경찰과 헌병의 눈을 피해 자전거를 타고 우회로를 거쳐 곧장 제암리 현장으로 달려갔다.

현장에 도착한 스코필드가 목격한 제암리는 처참함 그 자체였다. 불에 탄 예배당과 집들, 남겨진 피해자들의 흔적, 그리고 그 자리를 지키고 있는 마을 사람들. 스코필드는 꼼꼼하게 현장을 조사하고, 직접 사진을 찍었다. 그날 오후에는 수촌리로 이동해 부상자들을 돌보는 일에도 힘을

출처 : 공공누리

경기도 화성시 제암리 3·1운동 순국기념관 공원에 조성된 스코필드 동상.

보냈다. 스코필드는 당시 상황을 다음과 같이 회고했다.

"너무나 심각한 소식이었기 때문에 즉시 진실을 확인해야 했다. 나는 여행 허가증을 받지 못해서 자전거를 가지고 부산행 아침 기차를 탔다. 그리고 수원에서 내렸다. 의심받을 만한 질문은 하지 않는 것이 좋았다. … 논을 따라가다가 모서리를 돌자 잊을 수 없는 광경이 눈에 들어왔다. 마을은 불타 있었고 몇 군데에서는 아직도 연기가 피어오르고 있었다. … 나는 통역가에게 쌀을 사라고 돈을 조금 쥐여주었고, 폐허가 된 교회를 촬영한 뒤 … 수촌리로 향했다."

이후 스코필드는 자신이 보고 듣고 기록한 제암리와 수촌리의 참상을 보고서로 정리했다. 〈제암리의 대학살〉(The Massacre of Chai-Amm-Ni)이라는 글은 1919년 5월 27일, 상하이에서 발행된 영어신문 《상하이 가제트》(The Shanghai Gazette)에 실렸다. 기사 출처는 '서울 주재 익명의 특별통신원'으로 표기되었다. 같은 시기 작성된 〈수촌 만행 보고서〉(Report of the Su-chon Atrocities)는 비밀리에 해외로 보내졌고, 7월 26일 미국의 '장로교 기관지'(Presbyterian Witness)에 게재되었다.

관찰과 기록으로 비판한 '서대문 기술학교'

1919년 5월 11일, 《서울프레스》에는 서대문형무소를 마치 이상적으로 운영되는 감옥처럼 소개하는 기사가 실렸다. 이 기사를 작성한 일본인 기자는 서대문형무소가 '서대문 요양소', 혹은 '서대문 기술학교'로 불려야 한다고 주장했다. 주 1회 목욕, 따뜻하고 편안한 방, 일일 운동, 수감자들의 출소 이후의 삶을 준비시키기 위한 직업훈련이 그 예였다. 이에 대한 스코필드의 반박 기사는 다음 날 같은 신문에 실렸다.

"외국인 공동체는 그러한 발언들을 환영하면서도 글의 사실성을 의심한다. 그 근거는 이와 같다. 최근 '서대문 기술학교와 거의 동일하게 보이는 장소'로부터 출소한 친구들에 따르면, 그곳은 붐비고 방은 더러우며 일본인 간수들에 의해 잔인한 대우와 고문이 이뤄지고 있는 것으로 증언되기 때문이다."

이렇게 스코필드가 서대문형무소의 실상을 비꼬는 듯한 기사를 다시 내보내자 스코필드에게 형무소를 직접 방문하여 일본인 기자가 쓴 글의 진실성을 확인하라는 요청이 들어왔다. 스코필드는 이 요청에 적극 대응했다. 스코필드는 서대문형무소를 방문하여 투옥되어 있던 세브란스병원 간호사 노순경을 만나 위로했고, 감옥 측에 강하게 요구하여 여성 수감자들이 모여 있던 8호 감방까지 둘러보았다.

그곳에는 이화학당 학생 유관순, 개성 출신 감리교 전도 부인 어윤희 등이 있어 이들도 만날 수 있었다. 감옥의 환경은 참담했고, 수감자들은 모진 고문의 흔적이 역력했다. 스코필드는 하세가와 요시미치(長谷川好道) 조선총독과 미즈노 렌타로(水野練太郎) 정무총감에게 이러한 현실에 대해 강력하게 항의했다.

이후 스코필드는 일본 헌병의 학대와 고문 실태를 세밀히 관찰해 기록으로 남기기 시작했다. 그가 모은 자료 일부는 영국 해외 성서공회 총무 리슨(Ritson)을 거쳐 캐나다 장로회 해외선교부의 암스트롱(A. E. Armstrong) 목사에게 전달되었다.

이 기록들은 다시 미국 기독교연합회 동양관계위원회로 보내졌고, 1919년 7월에 발간된 《한국의 상황》(The Korean Situation)이라는 책에 공식 항의문과 함께 증거 자료로 실렸다. 이 책은 일본의 비인도적 식민통치를 국제사회에 알리는 데 중요한 역할을 했다.

스코필드는 3·1운동 직후의 식민지 통치 정책에도 날카로운 비판의 시선을 유지했다. 일본이 추진하던 동화 정책의 허구성을 지적하며, 한국인의 자율과 근본적인 사회 개혁이 필요하다고 목소리를 높였다. 1919년 11월에는 공창제도의 폐해를 신랄하게 비판하며, 조선 청년들이 그 유혹과 압박에 맞서야 한다고 호소했다.

이후에도 그는 언론에 여러 차례 식민지 조선의 현실을 고발하는 기고를 이어갔다. 1920년 3월, 일본에서 발행된 영어신문 《재팬 애드버타이저》(The Japan Advertiser)에 〈한국에서의 개혁〉이라는 제목으로 3일간 기고문을 연재하면서 일제의 피상적인 개혁과 동화정책을 공개적으로 비판했다.

1920년 3월, 세브란스에서의 공식 근무가 끝난 스코필드는 식민지 조선에 더 머무를 수가 없었다. 반일(反日) 성향의 활동을 조선총독부가 용납하지 않았고, 신변이 점점 더 위험해지자 캐나다로 귀국할 수밖에 없었다.

캐나다에 돌아간 뒤에도 그는 계속해서 강연과 글쓰기를 통해 한국의 현실을 알리는 데 힘썼다. 1920년 4월, 창간된 《동아일보》에 〈한국 발전의 요결〉이라는 제목의 글을 기고하여 한국의 미래를 위해 교육, 근면, 재정, 도덕의 네 가지를 실천해야 한다고 당부했다. 1926년에는 다시 한국을 방문해 강연회에 참석하며, 여전히 한국을 잊지 않는 우정을 보여주었다.

30년이 넘는 세월이 지난 후인 1958년, 스코필드는 이승만 대통령의 초청을 받고 다시 한국 땅을 밟았다. 이후 서울대 수의과대학 교수로 재직하며, 교육과 함께 인권·민주주의 실현을 위한 활동도 게을리하지 않았다. 이와 같이 오랜 세월 동안의 노력을 인정하여 대한민국정부는 스코필드에게 1960년 문화훈장, 1968년 건국훈장 독립장을 수여했다.

스코필드는 스스로 "한국이 필요로 할 때 호랑이 같은 힘과 굳은 의지로 돕겠다"라는 마음을 늘 품었고, 실제

출처: 독립기념관 〈한국독립운동인명사전〉

환영회에 참석해 연단에서 연설을 준비하는 스코필드.

로 그 각오대로 평생을 살았다. 그의 끈질긴 기록과 국제적 호소, 그리고 실천은 일제의 식민 통치하에서 자행된 무수한 만행을 세상에 알리는 데 큰 역할을 했다. '석호필'이라는 이름처럼 그는 늘 한국인의 친구이자, 진정한 인권운동가였다.

🔹 사건파일

제암리 학살
전국으로 퍼진 만세운동의 진압인가 보복인가

1917년 러시아에서 혁명이 일어나고, 1918년 미국 윌슨 대통령이 민족자결주의를 국제무대에서 주장했다. 제1차 세계대전이 유럽 열강의 식민지 쟁탈전의 결과라는 반성이 일었고, 윌슨이 발표한 14개조 원칙은 각국의 지식인과 청년, 학생들에게 큰 자극을 주었다. 식민지 조선에도 이 소식이 빠르게 퍼졌다.

 1919년 1월 18일, 전후 세계질서를 논의하는 파리강화회의가 열렸다. 그 직후인 1월 21일에는 조선에서 고종황제가 급서하는 일이 일어났다. 이러한 국제적 변화와 국내의 사건이 맞물려, 한국의 지식인과 청년들은 독립운동에 대한 열망을 구체적인 행동으로 옮길 준비를 시작했다. 특히 2월 8일 도쿄 유학생들의 독립선언은 식민지 조선 내의 독립운동 준비에 불을 붙였다.

 국내에서는 천도교 손병희를 중심으로 만세시위가 계획되었다. 이후 천도교, 기독교, 불교의 지도자들은 비폭력·대중화·일원화를 원칙으로 만세운동을 추진하기로 합의했다. 평양의 기독교계 지도자들이 이승훈을 서울로 보내고 불교계 인사 한용운 등을 끌어들이는 데 성공하면서 3대 종교 연합이 이루어진 것이다. 동시에 서울의 학생들도 만세운동에 참여하기로 결정했다. 만세시위에서 낭독할 〈독립선언서〉는 최남선이 작성했고, 인쇄와 배포에는 종교계와 학생들이 협력했다.

3·1운동은 세 단계로 전개되었다. 먼저 3월 1일 서울 태화관에서 민족대표 33인 가운데 29명이 모여 독립선언식을 거행했다. 같은 시각, 탑골공원에서는 학생들이 〈독립선언서〉를 낭독하고 거리로 나서 만세시위를 시작했다.

이날 서울뿐만 아니라 북부의 주요 도시, 평양·진남포·선천 등지에서도 동시에 시위가 일어났다. 3월 상순에는 주로 북부 도시와 교통이 편리한 곳, 그리고 장날을 이용한 농촌지역에서 만세시위가 퍼져나갔다. 3월 5일에는 학생 주도의 시위가 서울에서 만여 명이 참가한 가운데 일어났고, 이후에는 전국 소도시와 농촌까지 운동이 번졌다. 중순에는 노동자, 상인, 농민 등 각계각층이 합세하며 시위는 더욱 거세졌다.

3월 하순부터 4월 상순까지는 민중이 주도하는 대규모 시위가 이어졌다. 일반 노동자와 철도 노동자들의 파업, 각지의 격렬한 시위가 일어났다. 일제가 과잉진압으로 나오자 군중들도 정당방위를 위해 폭력으로 맞섰다. 4

월 10일을 전후로 시위는 점차 잦아들었지만, 일부 지역에서는 5월 말까지 계속 이어졌다.

  3·1운동은 국내뿐 아니라 만주, 러시아, 미국 등지의 한인사회에서도 동시다발적으로 전개되었다. 특히 수원·화성 지역에서도 천도교와 기독교, 학생, 농민 등이 힘을 합쳐 만세운동을 조직했고, 시간이 흐르며 시위 규모는 커지고 일본 군경의 진압도 거세졌다. 3월 말부터 시위가 격화되자, 일본 당국은 경성 헌병과 경찰을 동원한 대규모 진압에 나섰다.

  4월 2일부터 6일까지 1차 진압이 이루어졌고, 9일부터 16일까지 2차 진압 작전이 이어졌다. 일본군과 경찰은 수원·화성 각지에서 수많은 주민을 검거하고 민가에 불을 질렀으며, 276호의 가옥이 전소되었다. 인명 피해도 있었다. 10여 명이 사망하고 부상자 19명이 생겼다.

  1919년 4월 15일, 발안리 장날에 이어 제암리에서 대규모 만세시위가 일어나자, 일본군은 제암리 주민들을 교회에 모이게 한 뒤, 총을 난사하고 교회에 불을 질렀다. 살아남은 이는 거의 없었고, 제암리와 인근 고주리에서도 다수의 주민이 살해당했다. 희생자 가운데는 기독교인과 천도교인이 섞여 있었다.

  제암리 학살사건은 미국인 선교사 노블, 언더우드, AP통신원 테일러 등 외국 선교사와 언론인들에 의해 현장조사가 이루어졌다. 이들은 미국 총영사 버그홀츠 등에게 상세한 보고서를 제출했다. 4월 18일에는 캐나다 출신 선교사 스코필드가 직접 현장을 방문하여 제암리와 수촌리 일대의 참상을 사진과 보고서로 남겼다.

　선교사들의 증언과 자료는 국내외에 학살의 진상을 널리 알리는 데 결정적 역할을 했다. 일본은 사건을 무마하기 위해 관련 책임자 아리타 중위를 군법회의에 회부했다. 그러나 군사령관의 적극적인 옹호 아래 '임무 수행에 따른 불가피한 조치'라며 무죄 판결을 내렸다.

黄覺 · 1883~1956

출처: 독립기념관 〈한국독립운동인명사전〉

"한국지사들은 상해에 한국 임시정부를 세우고 국내에서 피를 흘리며 독립운동을 전개하고 있습니다. 한국지사 윤봉길이 홍구공원(虹口公園)에서 시라카와 요시노리 대장을 죽인 거사는 이토 히로부미를 사살한 안중근의 거사와 다를 바 없습니다. 이는 우리나라 항일전쟁 및 동아시아의 변화와 밀접히 연관되는 일입니다."

— 황개민, 〈삼심칠년유희몽〉 중에서*

*김병민 논문에서 재인용

황줴

6

한·중 네트워크를
견고하게 구축한 항일운동가

안중근과 윤봉길의 의거에서 큰 인상을 받았다고 고백한 것처럼 황줴(황각)는 동아시아 항일운동에서 조선인의 역할이 중요하다는 사실을 일찍부터 잘 알고 있었다. 평생을 '동아시아 연대'를 기반으로 일본제국주의를 타도하기 위해 헌신했던 황줴가 조선인 독립운동을 지지했던 것은 당연한 일이었다. 신아동제사부터 신아동맹당, 대동당으로 이어지는 황줴의 족적은 그가 얼마나 동아시아 연대에 진심이었는지 잘 보여준다. 황줴는 조선의 독립운동을 지속적으로 지원함으로써 동아시아 연대를 구체적으로 실천했다.

신해혁명 거쳐 한·중 연대로

황쮜(黃覺)는 1883년 중국 강서성에서 태어났다. 본래 이름인 '각'(覺)보다 호인 '개민'(介民)으로 더 널리 알려져 있다. 황쮜는 어려서 어머니를 여의고 13세 때부터 목재업을 하는 부친의 일을 도왔다. 사숙(私塾)에서 배우다가 1909년 난징(南京)에 있는 양강사범학교(兩江師範學校) 부속중학교에서 공부했다. 이 무렵 황쮜는 1905년 쑨원이 일본에서 조직한 중국동맹회(中國同盟會)에 참여하며 사회활동을 시작했다.

쑨원의 중국동맹회는 삼민주의를 강령으로 무장봉기를 통해 청나라를 무너뜨리고 공화제를 기반으로 하는 근대국가 건설을 목표로 했다. 청나라를 목표로 수차례의 무장봉기가 있었지만 결실을 맺지 못하다가, 1911년 10월 신해혁명의 시발점이 된 우창기의(武昌起義)가 발생하면서 청나라가 무너지고 중화민국이 수립되었다. 황쮜는 신해혁명 당시 임강군정(臨江軍政) 분부(分府) 조직 준비에 참여했고, 우창기의에도 호응했다. 신해혁명을 거치면서 그는 국민당의 일원이 되었다.

이 시기 황쮜는 조선인 독립운동가들과의 연대활동을 경험한다. 신해혁명으로 중화민국이 수립되자 이에 고무된 조선인 독립운동가들의 중국 망명이 늘어났다. 이들은 중국 혁명세력과의 연대를 통해 조선의 독립운동이 성장하기를 원했고, 이런 흐름을 내표한 인물이 신규식(申圭植)이었다. 신규식은 박은식(朴殷植) 등과 함께 1912년 7월 상하이에서 동제사(同濟社)를 조직했다.

동제사는 중국 관내지역의 활동 기반 형성과 독립운동 활성화를 목표로 한 독립운동단체였다. 신규식은 동제사를 기반으로 중국 혁명세력의 관심과 지원을 확보하기 위해 신아동제사(新亞同濟社)를 결성했다. 신아동제사에는 국민당의 주역인 천지메이(陳其美)를 비롯하여 쑹자오런(宋敎仁), 후한민(胡漢民) 등이 참여하며, 향후 한·중 연대의 기틀이 되었다. 황줴도 이때 신한동제사를 통해 조선인 독립운동가들과 관계를 맺기 시작했다.

일본 유학 중에도 비밀결사 활동

황줴는 1913년 일본으로 유학을 떠났다. 일본 메이지대학(明治大學)에서 정치경제학을 전공했다. 이 시기에 황줴는 바쿠닌과 크로포트킨 등 러시아 출신 아나키스트들의 저서에 관심을 가졌다. 그가 아나키스트로 변했다고 할 수는 없지만 어느 정도 영향을 받은 것으로 보인다. 그가 일반적인 중국 국민당 출신과 달리 민족주의자만이 아니라 사회주의자나 아나키스트들과도 함께 하는 경우가 많았던 것은 이러한 사상적 경험 때문일 것이다. 그리고 1914년에는 일본에서 중국공산당 창당 멤버인 리다자오(李大釗) 등과 함께 학생단체인 을묘학회(乙卯學會)를 조직하고 잡지 《민이》(民彝)를 창간하여 중국 내의 소식을 중국인 유학생들에게 전하는 역할을 했다.

일본 유학 시절에도 황줴는 일본제국주의에 반대하는 동아시아 연대에 관심을 가졌다. 1916년 도쿄의 한 중국집에서 조선, 중국, 대만 등 아시아의 약소민족 청년들이 모여서 신아동맹당(新亞同盟黨)을 결성했다. 신아동맹당은 아시아에서 일체의 제국주의를 없애고 새로운 아시아를 만들기 위해 우선 일본제국주의를 타도하기로 결의한 비밀결사였다. 황줴는 덩시민(鄧潔民), 셰푸아(謝扶雅), 뤄휘(羅豁) 등과 중국 측을 대표했고, 펑화룽(彭華榮)은 대만인으로 신아동맹당에 참여했다.

한국 측을 대표한 인물은 김철수(金錣洙)였다. 부안 출신의 김철수는 이후 사회주의운동의 핵심으로 성장한 인물이다. 김철수는 1915년 가을부터 최익준(崔益俊), 하상연(河相衍)과 함께 중국인과 접촉하여 비밀결사의 일종인 동아동맹회를 조직했고, 이를 기반으로 신아동맹당을 주도적으로 조직했다. 황줴는 신아동맹당 결성식에서 칼을 빼들고 맹세할 정도로 열정적인 태도를 보였다.

비밀결사 신아동맹당은 초기에는 특별한 활동을 하지는 못했다. 결성을 주도한 황줴와 김철수가 1916년 하반기에 귀국한 이후에 오히려 활동이 활발해졌다. 신아동맹당의 조선인 유학생들은 모두 조선인유학생학우회의 간부로 활동했다. 그리고 이들은 당시 일본에서 금서로 규정한 도서들을 상하이와 한국에서 밀반입해 배포하거나, 집회 연설, 각종 단체 조직, 독립자금 확보 등의 활동을 벌였다.

대표적인 활동으로 중국인 유학생과 연계하여 《한국통사》(韓國痛史)를 밀반입해 배포한 것을 들 수 있다. 《한국통사》의 표제를 《세계근사》(世界近史)로 가장하여 비밀리에 일본에 들여와 배포한 것이다. 활동의 형태도 국제 연대를 활용한 방법이었다. 그렇지만 신아동맹당은 일본경찰에 탐지되어 비밀결사로서의 활동을 더 이상 이어가기 어려워지자 1917년 10월 무렵에 해산했다.

신아동맹당은 조선인과 중국인은 물론이고 대만인과 베트남인 등 아시아 약소민족 청년들이 모여 일본제국주의를 타도하기 위한 국제적 연대를 구축했다는 점에서 큰 의미가 있다. 하지만 그보다 더 중요한 것은 신아동맹당에 참여했던 인물들이 이후 각국에서 항일운동의 핵심에서 활동한다는 점이다. 식민지 조선에서는 신아동맹당에 소속됐던 김철수 등이 3·1운동을 계기로 국내에서 조직된 사회혁명당에 참여했다.

황줴 등 중국인 유학생들은 중국 상하이로 옮겨가 신아동맹당의 명칭을 '대동당'으로 고치고 중국 국민당과 연계하여 활동지역을 확장했으며, 1921년 중국공산당이 조직될 때도 대동당의 인물들이 큰 역할을 했다. 더구나 황줴는 1916년 12월 일본 유학을 마치고 중국으로 돌아갈 때 식민지 조선을 경유했는데, 이때 하상연, 윤현진 등의 소개로 안재홍, 조소앙 등과도 인연을 맺으며 조선인 독립운동가들과 더 폭넓은 관계를 형성했다.

구국일보사 사장으로 항일운동

일본 유학을 마치고 조선을 경유해 중국으로 돌아온 황줴는 상하이를 중심으로 활동했다. 황줴는 항일단체인 구국단(救國團) 단장 및 구국일보사 사장을 맡았다. 구국단은 1915년 1월 18일 일본 외무대신 가토 다카아키(加藤高明)가 중화민국에 요구한 21개조 요구안을 반대하는 항일단체였다. 1914년 제1차 세계대전이 발발하자 일본은 중국 내에서 이권을 확대하기 위해 산둥반도의 독일군을 공격했다.

일본군이 산둥반도를 장악하자 일본은 중국에게 일

출처: 독립기념관 〈한국독립운동인명사전〉

신규식이 작성한 동제사 취지문.

본의 이권 확대 요구를 담은 21개조 요구안을 제안했고, 위안스카이(袁世凱)는 대부분의 요구를 받아들였다. 이에 대해 중국인들의 반발이 거셌는데, 대표적인 곳이 황쥐에의 구국단과 《구국일보》였다. 이들은 일본의 21개조 요구안 및 위안스카이 등 중국 군벌의 통치에 반대하는 단체였다. 황쥐에는 구국단의 기관지인 《구국일보》를 발행하며 이를 구심점으로 삼아 항일운동을 전개했다.

황쥐에는 상하이에서 활동하면서 계속적으로 조선인 독립운동가들과 교류했다. 《구국일보》를 운영하면서 조선인 독립운동가인 조동호(趙東祜)를 기자로 고용했다. 조

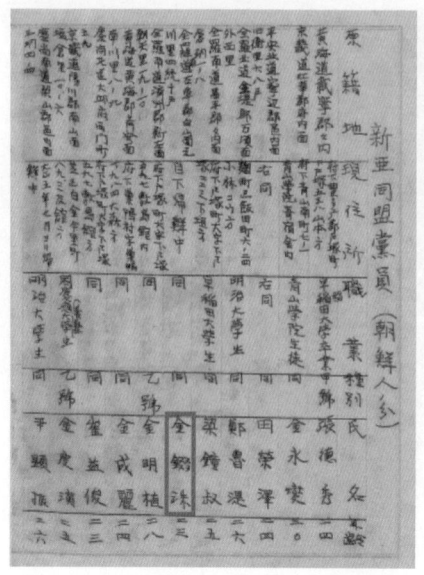

출처: 독립기념관 〈한국독립운동인명사전〉
일본 도쿄에서 조직된 신아동맹당의 조선인 당원 명단.

동호는 신한청년당 창당을 주도하고 대한민국임시의정원 의원, 조선공산당 중앙집행위원 등을 거쳐 건국동맹에 참여하는 등 해방될 때까지 항일독립운동에 헌신한 인물이었다.

조동호는 1892년 충북 옥천군의 부유한 양반가에서 태어났다. 어려서 한학을 배웠지만 큰형의 권유로 1908년 서울로 올라와 관립 측량학교에 입학했고, 1910년 측량기사가 되었다. 학교에 다니면서 우연한 기회에 여운형과 교류하며 큰 감화를 받아, 1914년 12월 여운형과 함께 중국 유학길에 올랐다. 조동호는 중국에서 오늘날 난징대학(南京大學)인 진링대학 중문과에 입학했고, 1917년 7월 졸업했다.

조동호는 대학을 다니면서 난징과 상하이를 오가며 사회활동에 참여했다. 동제사와 신아동제사에도 참여했으며 1916년 9월 교민회 성격의 항일단체 체화동락회에도 가입했다. 신아동제사에 참여한 이력이 황줴와 연결고리가 되었을 것으로 추측된다. 조동호는《구국일보》기자 신분이어서 상하이 지역에서 항일운동에 적극적으로 나설 수 있었다.

조선인 독립운동가를 지원한 또다른 사례로 황줴는 김홍일(金弘壹)의 구이저우군관학교(貴州軍官學校) 입학을 도왔다. 김홍일은 1898년 평북 용천군에서 태어났다. 민족운동의 거점 중 하나인 정주 오산학교를 졸업하고 황해도 신천 경신학교에서 교사로 있다가 1918년 9월 중국으로 망명했다. 상하이에 도착한 김홍일은 여운형을 통해 중국 군관학교 입학을 알아봤지만 여의치 않았다.

황줴는 우연한 기회에 상하이 한인 모임에서 김홍일을 만나 그가 군사학교에 들어가서 공부하고 싶다는 이야기를 듣고, 구이저우 최고 군사 지도자 류셴스(劉顯世)의 아들인 류강우(劉剛吾)를 소개해 줬다. 김홍일은 황줴의 도움으로 군사학교에 입학했다. 이후 장제스의 국민혁명군에서 활동했고, 이봉창과 윤봉길의 의거용 폭탄을 제작했으며, 1944년에 한국광복군 참모장을 맡았다. 해방 이후에는 육군사관학교 교장을 역임했다.

김홍일이 구이저우군관학교에 입학할 무렵 다른 조선인 청년들도 중국 각지의 군사학교에 들어갔다. 이들의 군사학교 입학은 중국의 군벌정권과 직간접적인 관계를 맺고 있던 신규식, 민필호, 여운형 등의 역할이 있었다. 특히 동제사는 창립 때부터 청년들을 군관학교에 입학시켜 군사교육을 받을 수 있도록 하는 데 힘을 쏟았다.

실제로 100여 명의 청년들이 중국의 각종 군사교육 기관을 통해 군사교육을 받았다. 김홍일의 입학에 중요한 역할을 한 황줴도 신아동제사 회원이었다는 점에서 황줴와 김홍일의 관계도 동제사의 이러한 노력이 간접적으로나마 영향을 주었다고 할 수 있다.

조소앙·김상옥과도 교류

황줴는 구국단 활동 이외에도 일본에서 조직했던 신아동맹당을 중국에서도 이어나갔다. 1920년 1월 신아동맹당을 개조하여 '대동당'(大同黨)을 조직했다. 대동당은 민

출처: 독립기념관 〈한국독립운동인명사전〉

1930년대 중반에 촬영된 조소앙(중앙 아래)과 군관학교 생도들.

족평등, 국가평등, 인류평등을 핵심으로 하는 삼평주의(三平主義)를 채택했다. 대동당에는 장멍주(張夢九)·쉬더헝(許德珩)·저우핑칭(周平卿) 등 중국인을 비롯하여 조선인, 인도인, 일본인, 러시아인 등 3,000여 명이 참여했다.

특히 박진순(朴鎭淳)을 매개로 한인사회당(상하이파)의 지도자인 이동휘, 김립과도 긴밀한 관계를 맺었으며, 김규식, 여운형, 윤현진, 김철 등 상하이의 조선인 유력자들도 대동당에 참여해서 많은 도움을 받았다. 대동당은 조선의 독립운동을 지지할 뿐 아니라 자신의 중요한 사업으로 여겼다. 이처럼 황줴는 꾸준히 동아시아 연대에 기반한 혁명운동을 지지하고 지원했다.

이처럼 조선의 독립운동에 대한 황줴의 관심과 지지

는 꾸준했다. 특히 상하이에서 열린 3·1운동 기념식에 자주 참석했다. 확인된 참석만도 1925년, 1928년, 1930년으로 세 번인데, 주로 한·중 연대와 독립운동을 지지하는 연설을 했다. 또한 조소앙과도 친분이 깊었던 것으로 보인다.

조소앙이 종로경찰서투탄의거를 거행한 의열단원 김상옥의 평전을 1925년 상하이에서 출판할 때, 황줴는 김상옥의 뜻을 기리는 중국인들의 조사(弔詞)와 만사(輓詞) 부분의 서문을 썼다. 김상옥의 의거 전에 조소앙이 김상옥을 황줴에게 소개해줬다고 한다. 이처럼 황줴는 다양한 계열의 조선인 독립운동가들과 폭넓게 교류했다.

황줴는 국민당 내에서 장제스의 독재에 반대했기 때문에 요직을 맡지 못했다. 1945년 8월 일본이 패망하자 국민정부에 실망하여 고향인 강서성으로 돌아가 사숙을 운영했다. 중화인민공화국이 설립되자 강서성의 다양한 직책을 맡아 활동하다 1956년 사망했다. 대한민국정부는 한국 독립운동을 지원한 공로를 인정하여 황줴에게 1968년 건국훈장 독립장을 수여했다.

♠ 사건파일

신한청년당
파리강화회의를 계기로 결성된 독립운동 조직

신한청년당은 1918년 중국 상하이에서 여운형, 장덕수, 김철, 선우혁, 한진교, 조동호 등 6인을 중심으로 창립된 청년독립운동 단체이다. 이들은 신해혁명에 고무되어 1912년 7월 신규식과 박은식이 주도하여 창립한 독립운동단체 동제사(同濟社)의 소장층을 대표하는 인물들이다.

 동제사 창립 이후 새로운 청년운동가들이 가입하면서 동제사 내부에 새로운 흐름이 만들어졌다. 특히 제1차 세계대전의 추이와 함께 국제정세의 변화에 대한 청년운동가들의 관심이 매우 높았다. 이들은 1918년 여름부터 정기적으로 모여 국제정세 및 향후 운동 방향에 대해서 논의했다.

 신한청년당 결성의 직접적인 계기는 제1차 세계대전의 전후 처리 문제를 논의하기 위해 개최된 파리강화회의였다. 미국의 윌슨 대통령은 전후 처리 원칙 14개조를 발표했는데, 이중에서 '제5조 민족자결의 원칙'이 조선인 독립운동가들의 관심을 끌었다. 1918년 11월 중순 윌슨 대통령의 특사인 크레인(Charles Crane)이 상하이로 와서 파리강화회의가 약소민족에게 좋은 기회가 될 수 있다는 발언을 했다.

여운형은 이러한 발언에 고무되어 크레인과 면담을 진행했다. 이 면담 후 여운형은 장덕수, 조동호 등과 협의했다. 그 결과 파리 강화회의와 윌슨 대통령에게 독립청원서를 보내고, 파리강화회의에 대표를 파견하기로 결정했다. 파리강화회의에 보낼 대표로는 김규식을 선출했다. 그 이유는 김규식이 영어에 능했기 때문이다.

동제사의 청년운동가들은 국제회의에 개인 명의의 서류를 제출할 수 없었기 때문에 '정당' 형식을 빌려 신한청년당을 결성했다. 이는 신한청년당의 결성 동기가 외교독립론에 있음을 알려준다. 동제사 소장층의 정기 모임을 기반으로 신한청년당이 결성되었기 때문에 처음에는 6~8명 정도의 소수였지만, 점차 확대되어 3·1운동 이후에는 50명 이상의 규모가 되었다.

이러한 신한청년당의 확대는 외교독립론에 대한 관심이 커진 결과라고도 할 수 있다. 신한청년당은 김규식을 파리강화회의에 보내고 나서 그를 지원하기 위한 활동에 돌입했다. 우선 각지로 사람을 파견하여 현재의 국제 정세를 설명하고 자금 모금에 노력을 기울였다. 국내로는 선우혁, 김철, 서병호, 김순애 등을 보내고, 일본으로 장덕수, 만주와 러시아로는 여운형을 각각 파견했다.

　　국내에서 3·1운동이 일어나자 신한청년당은 상하이에 독립임시사무소를 설치하고 임시정부 조직에 착수했다. 상하이로 각 지역의 독립운동가들이 집결하면서 1919년 4월 10일, 29명의 대표자가 모여서 '대한민국임시의정원'(大韓民國臨時議政院)을 결성하게 된다. 임시의정원은 첫 회의에서 국호를 '대한민국'으로 결정하고, 정부 조직과 내각 구성원을 선출했다. 헌법에 해당하는 '임시헌장'도 선포했다.

　　5월에 안창호가 상하이에 도착하면서 대한민국임시정부의 조직이 체계화되었다. 신한청년당의 구성원 중 여운형은 상하이 지역 거류민단장의 직책으로 주로 외교관을 만나 조선의 독립에 대한 이해와 협조를 구했다. 다른 당원들은 대한민국임시정부의 실무진으로 참여했다.

　　김규식을 대표로 파견한 파리강화회의는 아무런 성과 없이 끝났다. 1921년 11월부터 미국에서 열린 워싱턴회의에 다시 한번 기대를 걸었지만 역시 실패로 끝났다. 이러한 노력은 외교독립론의 한계를 보여줬다고 할 수 있다. 신한청년당은 국제정세의 변화에 능동적으로 대응하고자 했지만 열강의 호의에 기댄 독립운동으로는 얻을 것이 없었다. 결국 신한청년당은 그 세력이 점차 약해질 수밖에 없었고, 1923년 말에 해체되었다.

Robert G. Grierson · 구례선 具禮善 · 1868~1965

출처: 국가보훈부 공훈전사사료관

"1919년 3월 1일은 토요일이었다. 이 날은 한국 역사에 길이 남을 날이다. 또한 세계 혁명사에도 길이 기념할 만한 날이다. 한 나라의 백성들이 독립을 찾기 위해 아무런 무기도 없이 오로지 손에 작은 깃발만을 들고 분연히 일어나 용감히 외쳤던 것이다."
— 도리스 그리어슨, 《조선을 향한 머나먼 여정》 중에서

7

일제의 폭력으로
죽어가는 조선인을 구해낸 선교사

    1919년 만세시위가 가진 정당성과 그 의미를 찬양한 왼쪽 페이지의 글은 캐나다인 선교사 로버트 G. 그리어슨이 쓴 것이다. 그리어슨은 1868년 캐나다 노바스코샤주 핼리팩스에서 태어나, 1890년 달하우지대학교(Dalhousie University)와 1893년 파인힐신학교(Pine Hill Divinity Hall)를 졸업한 목사이자, 1897년 뉴욕에서 의학석사 과정을 마친 의사였다. 46년의 긴 세월 동안 한국에서 선교활동을 하면서 조선인을 위한 교육 및 의료 활동을 추진하고, 불의에 맞선 조선인 독립운동가를 지원했다. 구예선(具禮善)이라는 한국 이름을 가진 그리어슨은 한국의 독립을 지지하고 한국을 사랑한 인물이었다.

조선에 파견된 최초의 선교사 중 한 명

로버트 그리어슨은 캐나다장로회(1925년 이후 캐나다연합교회)가 한국 선교를 위해 파견한 최초의 선교사 중에 한 명이었다. 캐나다 출신 윌리엄 매켄지(William J. McKenzie) 목사가 1895년 한국에서 선교 중 사망한 이후 캐나다 선교사 파견을 요청하는 목소리가 꾸준히 있었다. 캐나다장로회는 1898년 그리어슨과 윌리엄 푸트(William R. Foote), 던컨 맥레이(Duncan M. McRae)를 한국으로 파견하며 본격적인 한국 선교에 착수했다. 동향이자 대학 선배이기도 한 매켄지를 인생의 길잡이로 여겼던 그리어슨은 자연스럽게 한국행을 결정했다.

세 명의 선교사는 기차를 타고 대륙을 횡단하여 태평양 연안의 밴쿠버로 이동한 다음, 배편으로 일본 도쿄, 요코하마, 나가사키, 부산의 동래를 거쳐 1898년 9월 7일 제물포에 도착했다. 처음에는 매켄지 목사의 선교지였던 소래에서 활동하고자 했지만, 이미 그 지역을 근거로 선교활동을 하는 단체가 있었다. 따라서 캐나다장로회는 미국북장로회, 호주장로회, 미국남장로회와 함께 장로회연합공의회를 개최하여 선교를 담당할 지역을 나눴다.

캐나다장로회는 함경남북도를 선교지역으로 배정받았고, 함경남도 원산을 중심으로 활동했다. 1901년 여의사 맥밀런(Kate McMillan, 孟美蘭)을 비롯한 선교사 3명이 충원되자 함경북도 성진과 함흥에 선교부를 확장했다. 그리어슨이 성진, 맥레이와 맥밀런이 함흥 선교부를 맡았다. 캐나다장로회는 1912년 회령에 선교부를 설치했고, 간도 및 연해주 선교도 담당했다.

    그리어슨은 함경북도 성진을 선교활동에 적합한 곳으로 판단하고 선교부를 세웠다. 성진은 1901년 자유항으로 개항을 해서 외국인이 토지와 가옥 등을 구매할 수 있는 지역으로 그리어슨이 활동하기 적합했다. 1901년 5월 그리어슨은 가족과 함께 성진으로 이주했다. 그리어슨의 아버지 존 그리어슨(John Grierson)과 어머니 매리 파렛(Mary Parrett)도 선교활동을 위해 한국에 막 도착한 직후였다. 목수였던 아버지의 도움으로 성진항이 보이는 언덕에 교회와 집을 짓고 그리어슨은 성진에서 선교활동을 시작했다.

재정 직접 마련해 보신학교 개교

    그리어슨은 선교활동과 함께 의료 및 교육 활동을 적극적으로 벌였다. 의학교육을 받았던 그리어슨은 방 한 켠에서 환자를 치료하기 시작했다. 작은 방에서 시작된 그리어슨의 의료활동은 여러 선교단체의 지원으로 1902

출처: 독립기념관 〈한국독립운동인명사전〉
성진 남성경학교(男聖經學校) 졸업식. 앞 줄 왼쪽에서 네 번째가 그리어슨.

년 병원건물을 짓게 되면서 더욱 확장되었다. 이 병원의 이름은 제동(濟東)병원이었다. '제동'이라는 이름은 당시 서울에 있던 제중원(濟衆院)의 동쪽에 있는 병원이란 의미였다. 병원의 이름을 제중원에서 따온 것은 제중원에서 활동하던 언더우드 선교사가 병원 설립을 위한 재원 마련에 큰 도움을 주었기 때문이다.

성진에 설립된 제동병원은 함경북도 최초의 근대적 의료기관으로, 함경남도 원산에서 러시아 블라디보스토크에 이르는 지역에서 유일하게 수술이 가능한 병원이었다. 항상 환자들이 넘쳤던 제동병원은 러일전쟁 동안 폐

출처: 독립기념관 〈한국독립운동인명사전〉

성진 제동병원의 전경.

쇄되었지만, 1906년 11월부터 다시 운영되었다. 제동병원은 1909년에 입원 환자가 100명, 외래환자가 1,743명에 이를 정도로 큰 병원이 되었다. 1921년 당시 제동병원은 그리어슨을 포함한 의사 3명, 조수 1명, 간호부 3명, 약제사 1명, 서기 1명, 전도 담당 남녀 각 1명이 근무했다.

    제동병원에서는 조선인 의사 및 조수 등이 함께 일했다. 1902년부터 10년여 년 동안 제동병원에서 조수로 일했던 김영배(金榮培)는 그리어슨의 도움으로 1913년 세브란스의전에 입학했고, 의사면허를 취득한 이후 제동병원 근처에 제생의원을 개업했다. 김성우(金聲宇)의 이력도 흥미

롭다. 김성우는 중학교를 졸업하고 1914년부터 제동병원에서 검사원 및 조제사로 일하다가 3·1운동에 참여하여 2년 6개월을 감옥에서 복역했다.

출옥한 이후 다시 제동병원에서 외과 조수로 일하다 경성의전에 입학하여 의사면허를 취득하고 돌아와 제동병원에 5년여 동안 근무했다. 이처럼 그리어슨은 조선인 의사들을 후원하며 제동병원을 운영했다. 또한 성진기독청년회를 조직하는 등 성진지역의 기독교 청년들의 구심점 역할을 했다.

그리어슨은 교육활동에도 적극적이었다. 교회를 처음 세웠을 때부터 교회 한편에서 아이들을 가르쳤던 그리어슨은 아이들에게 더 체계적인 교육을 제공해야겠다는 생각을 가지고 있었다. 선교단체의 도움을 받았던 병원 설립과 달리 교육사업의 경우, 그리어슨은 학교 설립을 위한 재정을 직접 마련했다. 1904년 무렵 성진에 있는 동광(銅鑛)이 미국인에게 매각되었고, 이 동광을 운영할 호주 출신 광업기사가 성진에 이주해 왔다.

호주 출신 광업기사는 자신을 도와줄 한국인을 필요로 했고, 이를 그리어슨에게 부탁했다. 그리어슨은 다른 사람을 추천하는 대신에 그 일을 직접 맡았다. 학교 설립 비용을 마련하기 위한 결정이었다. 광산 일을 도우면서 그리어슨은 1,800엔에 달하는 돈을 모을 수 있었다. 이

출처: 독립기념관 〈한국독립운동인명사전〉

독립운동가 황병길(왼쪽)과 함께 사진을 찍은 이동휘(오른쪽).

돈으로 그리어슨은 학교 부지를 구입하고, 교실 네 칸짜리 건물을 세웠다. 학교의 이름은 보신학교(普信學校)였다.

이동휘의 망명도 적극적으로 도와

　그리어슨이 소속된 캐나다장로회는 한국 선교에서 후발 주자였고 규모도 작았지만 일제와의 관계에서 다른 교파와 구별되는 태도를 가지고 있었다. 대부분의 교파가 일본과의 관계를 고려하여 정치불간섭 정책을 내세우며 애매한 중립적 태도를 유지했다면, 캐나다장로회는 한국인에 대해 우호적이고 동정적 태도를 비교적 일관되게 견지했다.

　캐나다장로회가 이러한 태도를 가질 수 있었던 것은 캐나다장로회의 특징과도 관련이 있다. 다른 교파의 경우 한국에 거주하는 외국인이나 일본인도 선교대상으로 삼았던 것과 달리, 캐나다장로회는 조선인만을 선교대상으로 했기 때문에 일제에 대해 단호한 태도를 보일 수 있었다.

　또한 캐나다장로회 선교사들은 근본주의적이거나 극단적 교파주의 성향을 가졌던 미국북장로교 선교사들과 달리 자유주의적 성향이 상대적으로 강했던 것으로 평가된다. 실제로 캐나다장로회 해외선교부는 3·1운동이 벌어지자 직접 조선을 방문하여 그 실상을 파악하고, 교단 총회에서 결의문을 채택했다. 조선에서 선교활동을 하던 교단 중 유일한 사례였다.

그리어슨도 한국인의 민족운동과 독립운동에 우호적인 태도를 가졌다. 그리어슨은 선교일지에서 러일전쟁 이후 일본이 부끄러움을 모른 채 강제로 한국을 보호국으로 만들었다고 비난했다. 또한 군대 해산 이후 전개된 의병활동도 긍정적으로 바라봤다. "일본 사람들은 한국 군대를 해산하여 민간인으로 만들고 한국의 모든 무기 창고를 접수했다. 하지만 한국인들은 일본인이 생각하는 것보다 훨씬 똑똑하고 재빨라서 무장해제를 당하기 전에 약 1만 명 정도의 군인들이 총과 탄약을 몰래 감추었다. 그들은 스스로를 '의병'이라고 칭했고, 남한 각처의 산에 들어갔다"며 일본의 강제 합병 과정에서 발생한 의병활동의 정당성을 강조했다.

민족운동의 지도자이자 유명한 독립운동가를 직접 도와주기도 했다. 그리어슨은 훗날 최초의 한인 사회주의 정당인 한인사회당을 이끌었고, 대한민국임시정부 초대 국무총리로 활동했던 이동휘(李東輝)를 지원했다. 그리어슨은 1909년 이동휘가 자신의 고향인 함경도 지역에서 설교 강연을 할 수 있도록 지원해 줬다.

당시 이동휘는 대한제국의 무관 출신으로 강화도 진위대 대대장으로 복무하다 사임하고 강화도 지역에서 교육사업과 민족운동에 매진하고 있었다. 1907년 헤이그 특사사건으로 강화도에서 지역민들의 봉기가 발생하자 그 배후자로 지목되어 체포되는 등 자유로운 활동이 어려운 상황이었다. 1911년에는 소위 '105인 사건'에 연루되어 대무의도에서 1년 동안 유배당했다.

유배에서 풀려난 이동휘는 자신의 고향인 함경도에서 그리어슨과 함께했는데, 일제의 감시가 심하여 어떤 활동도 불가능한 상황이었다. 1913년 그리어슨은 국경 근처인 갑산군 혜산진 교회에서 열린 사경회(查經會)에 이동휘와 함께 참석한 것을 기회로, 이동휘의 탈출 계획을 세우고 적극 지원했다. 그리어슨의 도움으로 국외 망명에 성공한 이동휘는 이후 독립운동에 매진할 수 있었다.

그리어슨은 1919년 함경북도 성진에서 발생한 운동도 지원했다. 성진에서의 만세시위는 강학린 목사 등이 주도했다. 그리어슨은 이들이 경찰에 발각되지 않고 시위 계획을 수립할 수 있도록 자신의 집을 제공했다. 3월 10일 벌어진 성진 만세시위는 보신학교 학생 45명이 대한제국 깃발을 들고 독립만세를 외치는 것으로 시작되었다.

제동병원 앞에 모인 군중은 250여 명에 달했다. 기독교인과 천도교인이 중심이었던 시위군중은 독립만세를 외치며 일본인 거주지인 도심으로 행진했다. 이 만세시위에 대해 일본 경찰 및 소방대원들은 성진군민들을 무자비하게 탄압했다. 도끼를 든 소방대원과 총을 든 일본경찰이 조선인 거리로 들이닥쳐서 닥치는 대로 폭행했다. 부상자가 속출했고, 그리어슨은 부상당한 한국인들을 적극적으로 치료했다.

이런 그리어슨을 못마땅하게 여긴 일본경찰은 그리어슨을 불러서 독립운동을 암시하는 연설을 했는지 추궁했지만, 그리어슨은 "만약 외세가 일본을 점령하여 일본인들에게 복종을 강요한다면 당신은 가만히 외세의 강요에 순종하겠는가?"라고 반박하며 만세시위를 옹호했다.

이처럼 조선인의 독립운동을 물심양면으로 지원했던 그리어슨은 1934년 정년퇴임으로 46년의 선교활동을 마치고 고향인 캐나다로 돌아갔다. 그리어슨은 토론토에 거주하면서도 자신이 청춘을 바쳐 선교활동을 했던 한국에 대한 관심을 놓지 않았다. 한국전쟁으로 인해 월남한 성진지역 주민들을 위해 구호금을 보내는 등 한국인에 대한 애정을 표현했던 그리어슨은 1965년 98세로 타계했다. 대한민국정부는 그리어슨이 타계한 지 3년이 지난 1968년에 한국 독립운동에 기여한 공적을 인정하여 건국훈장 독립장을 수여했다.

🔹 사건파일

'105인 사건'
일제의 조작 사건에 대항한 선교사들

'105인 사건'은 강제병합 이후 일제가 민족운동을 탄압하기 위해 조작한 사건이다. 일본경찰은 1911년 조선총독부 초대 총독인 데라우치 마사다케(寺內正毅)를 암살하려 했다는 이유를 들어 조선인을 무차별적으로 체포해 조사했다. 일본경찰이 주장한 총독 암살은 구체적 계획과 증거가 존재하지 않았다.

일본경찰은 1911년 10월부터 무차별적으로 조선인을 체포했고, 서울의 경무총감부 헌병대로 이송했다. 이때 체포되어 조사를 받은 사람이 거의 700여 명에 달했는데, 대부분 학교 교사와 학생, 소규모 상업활동에 종사하는 평범한 사람들이었다. 일본경찰은 이들을 가혹하게 고문하여 총독을 암살하려 했다는 허위자백을 받아냈다. 무자비한 고문 속에서 사망자가 발생하기도 했다.

이처럼 일제가 무리하게 '105인 사건'을 조작한 것은 강제병합 이후에도 조선인들의 항일운동이 꾸준히 진행되었기 때문이다. 일제는 식민통치를 원활히 하기 위해 항일운동 세력을 발본색원하려고 했다. 1910년 11월 황해도 신천에서 안중근(安重根)의 사촌동생인 안명근(安明根)이 군자금 모집 활동을 하다 체포된, 일명 '안악사건'(安岳事件)이 발생했다. 일본경찰은 이 사건을 빌미로 평소에 염두에 두고 있던 민족운동 지도자는 물론이고 이들의 지지기반인 학교와 상업계 인사들을 대상으로 '105인 사건'을 계획한 것이다.

구체적 증거 없이 무차별적인 체포와 무자비한 고문을 진행하는 과정에서 비밀결사 신민회(新民會)가 일본경찰에 노출되었다. 신민회는 안창호, 이승훈 등의 주도로 1907년 무렵 결성됐다. 신민회는 비밀결사였지만 표면단체를 통해 교육 및 출판 활동에 관여했다. 신민회는 대성학교와 오산학교의 설립과 운영에 관여했으며, 태극서관이나 조선광문회와 관련이 있었다고 알려져 있다. 수양단체 청년학우회도 조직하여 지역 조직을 가지고 있었다. 애국계몽운동만이 아니라 무장독립운동을 위한 국외 독립군 기지 건설도 추진했다.

실제로 간도, 상하이 및 미산(密山) 등지에서 독립군 양성을 위해 구체적 사업을 추진하여 신흥무관학교, 동림무관학교 등을 설립했다. 일본경찰도 신민회의 존재를 어렴풋이 알고 있었지만 수양단체 정도로만 파악하고 있었고, 독립군 기지 건설 등의 활동은 '105인 사건' 조사 과정에서 확인했다. '105인 사건'으로 신민회는 큰 타격을 받았지만, 신민회의 지도적 인사들은 이후 독립운동의 핵심 인물로 활동했다.

허위자백을 바탕으로 1912년 6월 29일 경성지방법원에서 '총독암살미수사건'에 대한 재판이 열렸다. 체포되어 조사를 받은 700여 명 중 실제로 기소된 것은 123명이었다. 첫 공판부터 피의자들은 이 사건의 허구성을 폭로했다. 경찰의 가혹한 고문을 견디지 못하고 허위사실을 인정했다고 대부분의 피의자들이 증언했지만 재판부는 이를 받아들이지 않았다. 1심 재판부는 1912년 9월 재판에 회부된 123명 중 105명에게 유죄를 선고했다.

지도급 인사인 윤치호(尹致昊), 양기탁(梁起鐸), 임치정(林蚩正), 이승훈, 안태국(安泰國), 유동렬(柳東說)은 징역 10년형을 받았고, 나머지 인물들도 가장 낮은 형량이 징역 5년이었다. 유죄판결을 받은 105인은 1심 판결에 불복하여 경성복심법원에 상고했고, 2심 재판부는 윤치호, 양기탁, 임치정, 이승훈, 옥관빈(玉觀彬)을 제외한 99명에게 무죄를 선고했다. 윤치호 등 6명도 고등법원에 상고하여 1913년 10월 재판에서 승리했지만, 바로 석방되지 않았다. 1915년 2월에야 '특별사면' 형식으로 풀려날 수 있었다. 참고로 이 사건을 '105인 사건'이라고 부르는 것은 1심에서 유죄판결을 받은 사람의 숫자를 따른 것이다.

재판 과정에서 확인된 것처럼 일본경찰이 주장한 '총독암살미수사건'은 근거가 없는 사건이었다. 일본경찰은 항일운동을 위축시키고 주요 인물의 활동을 억제하기 위해서 '105인 사건'을 조작했다. '105인 사건' 재판에는 외국인 선교사들의 적극적인 협조가 있었다. '105인 사건'의 피의자들이 대부분 기도교인이라는 점에서 외국인 선교사들은 일제의 기독교 탄압사건으로 인식했다. 변호인단 구성 때부터 시작해서 해외에 재판의 부당함을 알리는 일까지 외국인 선교사들은 '105인 사건'의 피의자들을 도왔다.

Louis Marin · 1871~1960

출처: 국가보훈부 공훈전자사료관

"오늘날 3000만의 인구를 가진 불행한 나라 한국이 고통을 받고 있으며 정의를 요구하고 있다."

― 《대한민국임시정부자료집》 23권 중에서

8

유럽에서 진행된
독립운동을 지원한 정치인

프랑스의 정치가인 루이 마랭은 일제에 강제로 병합된 식민지 조선의 현실에 우호적인 태도를 보였고, 실제로 유럽에서 진행된 독립운동을 지원했다. 루이 마랭은 프랑스와 독일 사이에 영토분쟁과 전쟁이 있었던 알자스-로렌 지역 출신으로 독일에 대해 단호한 입장을 가지고 있었다. 루이 마랭의 개인적 경험은 식민지 조선의 독립운동에 대한 그의 인도주의적 지원으로 이어졌을 것이다.

여행을 좋아한 청년에서 정치가로

　루이 마랭은 1871년 2월 7일 프랑스 로렌 지방의 뫼르트에모젤에서 태어났다. 로렌 지방의 낭시에 위치한 말그랑주 콜라주(Malgrange College)에 입학하여 법학을 전공했고, 학교를 졸업하고 파리에 정착했다.
　여행과 인류학의 민족지학(ethnology)에 관심이 있던 그는 1891~1892년에 독일, 루마니아, 세르비아, 알제리를 방문했고, 1899년에는 그리스, 폴란드, 러시아, 스칸디나비아, 아르메니아, 투르크스탄, 중앙아시아 및 중국 서쪽 지역을 탐험했다.
　1901년에는 이전보다 더 먼 시베리아, 만주, 조선, 중국 북부를 여행했다. 이외에도 1902년 스페인과 포르투갈, 1903년 소아시아를 방문하고, 그 성과를 학술연구로 발표했다. 루이 마랭은 1901년 조선을 방문했을 때 그림과 사진을 다량 구입했고, 이 자료는 현재 파리에 남아 있다.
　정치가로서 루이 마랭의 본격적 활동은 1905년 국회의원 보궐선거에 나가면서 시작되었다. 1903년 공화주의 연맹(fédération républicaine)이 창립될 때 가입했던 루이 마랭은 공화가톨릭 세력의 대표적 정치가로 성장했다. 그는 정치적으로 우파 성향의 정치인으로 경제적 자유주의와 민족주의, 교육의 자유 등을 주장했지만, 무상교육, 출산휴가, 주휴 및 유급휴가, 남녀 공무원 간의 동등한 조건, 저렴한 주택건설 등의 의제를 지지하기도 했다.

또한 각종 조약에서 프랑스의 이익을 강하게 요구하는 태도를 취했다. 제1차 세계대전 종결 이후 체결된 '베르사유 조약'에 대해 프랑스의 이익이 불확실하다는 이유로 비준을 반대했다. 이처럼 정치가로 활발히 활동하던 루이 마랭이 조선인의 독립운동을 마주하게 된 것은 1919년 파리강화회의 때문이었다.

파리강화회의와 파리한국통신부의 활동

제1차 세계대전이 종료되고 그 전후 처리 문제를 논의하기 위해 프랑스 파리에서 강화회의가 열렸다. 파리강화회의 결과 체결된 조약은 궁전의 이름을 따서 '베르사유 조약'이라고 한다. 파리강화회의는 국제연맹 창설 제안이 포함된 안건과 미국 대통령 윌슨의 민족자결주의 제창 등으로 약소민족들에게 많은 기대를 받았다.

조선인 독립운동가들도 파리강화회의를 통해 식민지 조선의 독립을 확인받고자 했다. 미주의 대한인국민회, 상하이의 신한청년당, 러시아 연해주의 대한국민의회, 국내의 유림계 등에서 파리강화회의에 참석할 대표를 파견했다. 이 중 파리강화회의 기간에 맞춰 제때에 도착한 것은 1919년 2월 1일에 상하이를 떠나 3월 13일에 파리에 도착한 상하이 신한청년당 대표 김규식뿐이었다.

파리에 도착한 김규식은 '파리한국통신부'를 설치했고, 1919년 4월 대한민국임시정부는 김규식을 파리한국통신부 대표위원으로 임명하고 신임장을 발송했다. 이를 통해 김규식이 신한청년당이 아닌 형식상 정부 대표의 자격을 획득했다. 이를 바탕으로 김규식은 조선 문제를 파리강화회의의 안건으로 상정시키기 위해 한국 관련 문서를 제출했지만, 파리강화회의에서 조선 문제는 전혀 논의되지 않았다.

6월 28일 종료된 파리강화회의는 처음부터 구미 열강들의 이해관계를 조정하기 위한 자리였기 때문에, 약소민족의 이해관계가 반영될 여지가 없었다. 파리강화회의를 통한 독립운동은 실패로 돌아갔지만, 김규식은 조선인들의 독립 열망과 독립의 정당성을 선전하는 데 노력을 기울였다. 파리한국통신부는 프랑스 주요 인사 및 파리 거주 외국인을 위한 연회를 개최했고, 그 자리에 참석한 인사들을 대상으로 조선 독립을 위한 선전활동을 이어갔다. 루이 마랭도 이 모임에 참석한 것을 계기로 조선인들을 지원하기 시작했고, 한국친우회 결성에 앞장섰다.

프랑스 한국친우회를 주도하다

프랑스 한국친우회는 1921년 6월 23일 파리 라 까즈(Las Cases)가(街) 5번지 사회박물관(Musee Social) 1층 강당에서 창립대회를 개최했다. 프랑스 한국친우회는 김규식 이후 파리에서의 외교활동을 책임진 황기환(黃玘煥)이 페리시앙 샬라예(Felicien Chalaye)와 중국계 사동발(謝東發, Scie Ton Fa)의 도움을 받아 문학계, 예술계, 정계에 속한 유력자를 중심으로 조직했다. 루이 마랭은 프랑스 한국친우회의 대표적 인물로, 창립대회를 주도했다.

창립대회에는 쥐스탱 고다르(Justin Godart) 론(Rhone) 지역 하원의원, 베르통(Berthon) 파리 지역 하원의원, 문인 클로드 파레르(Claude Farrere) 등 6명의 여성을 포함한 33명이 참석했다. 참석하지 못한 인사들의 서한 낭독이 있었던 것으로 볼 때, 창립 당시 프랑스 한국친우회의 규모는 참석자인 33명보다 조금 더 컸을 것으로 보인다.

루이 마랭이 한국친우회를 대표하는 인물이었지만, 한국친우회 조직을 위해 황기환을 적극적으로 도왔던 페리시앙 샬라예와 사동발도 기억해야 할 인물들이다. 페리시앙 샬라예는 1875년 11월 1일 리옹 출생으로 1897년 문학교수 자격시험(철학전공)에 합격했다. 임시정부 기록에는 파리대학 교수로 소개된 페리시앙 샬라예는 1917년과 1919년 두 차례에 걸쳐 식민지 조선을 방문했다. 그가 1919년에 식민지 조선을 방문했을 때 3·1운동의 실상을 경험했던 것으로 보인다. 이때의 경험을 토대로 글을 쓰고 연설을 했는데, 1920년 1월 8일 파리지리연구회에서 조선인들의 독립운동을 직접 목격한 시찰담을 보고한 것이 대표적이다.

중국계 프랑스인인 사동발은 중국외교관인 부친이 근무하던 파리에서 1880년 12월 5일에 태어났다. 파리대학에서 법학박사와 의학박사 학위를 취득했으나 개업하지 않았다. 1912년 프랑스 국적을 포기했으며, 한국친우회 사무국장을 맡고 자금을 조달하는 등 한국 독립운동을 열성적으로 지원했다.

루이 마랭은 창립대회에서, 40세기 이상의 역사를 가진 한국은 늘 비공격적이었는데 국제법을 무시한 일본에 의해 1910년 합병되자 한국인들은 항거하며 독립을 기다리고 있다고 발언했다. 또한 프랑스가 언제나 억압받는 이들에 대해 보호와 애정을 가져왔다며, 한국인들에게 효율적인 도움을 제공하기 위해 프랑스 대중들에 대한 적극적인 선전활동을 시행하여 많은 가입자를 확보해야 한다고 한국친우회의 역할을 설명했다.

다만, 창립총회에서 "한국친우회는 한국 국민들에게 도움을 제공하는 목적을 갖고 있다"는 정관의 내용에 "그

출처: 독립기념관 한국독립운동사연구소
파리 오스만 대로에 위치한 한국친우회 사무실 추정 장소.

리고 그 독립을 위한 투쟁을 지원할 목적을 갖고 있다"는 문구를 추가하자는 제안이 있었지만 받아들여지지 않았다. 이에 대해 루이 마랭은 독립운동 지원을 명문화할 경우 프랑스에 문제가 발생할 여지가 있다고 설명했다. 한국친우회가 독립운동을 직접 지원하는 단체라기보다는 여론 확산을 위한 단체임을 보여주는 대목이다.

한국 국민에게 도움을 제공할 목적으로 조직된 프랑스 한국친우회는 사동발의 집인 파리 오스만 대로(Blvd

출처: 독립기념관 〈한국독립운동인명사전〉
1919년 미국 필라델피아에서 열린 제1차 한인회의에 모인 미주 한인들.

Haussmann) 93호에 본부를 두었다. 한국친우회는 매년 5프랑의 회비를 납부하는 정규회원으로 구성되었다. 사무국은 2년 임기로 재임이 가능했다. 창립대회에서 확정된 사무국의 구성은 다음과 같다.

루이 마랭이 프랑스 한국친우회 의장을 맡았으며, 부의장에는 쥐스탱 고다르, 베르통, 올라르(Aulard), 페르디낭 뷔송(Ferdinand Buisson), 레위스 브륄(Lewis Bruhl)이 선임되었다. 사무국장은 클로드 파레르, 사동발, 재무국장은 에밀 블라베(Emile Blavet), 사무차장은 마티앙(Mathlen)이었다. 사무국 이외에 선전활동을 전담하는 '활동위원회'가 따로 구성되었다. 이 위원회에는 상바(Sembat), 마리우스(Marius), 세르메(Sermet), 피에르 밀(Pierre Mille), 앙드레 로베르티(Andre Roberty), 샤를르 지드(Charles Gide), 에드몽 베나르(Edmond Besnard), 그리고 메나르 도리앙(Manard d'Orian) 여사가 참여했다.

한국친우회가 프랑스에만 조직된 것은 아니다. 외국인 인사에 대한 여론 형성을 목적으로 한국친우회를 처음 제안한 사람은 서재필(徐載弼)이었다. 서재필은 미국 필라델피아에서 열린 제1차 한인대회에서 친한(親韓) 미국인들의 단체를 조직할 필요가 있다고 제안했고, 이 구상이 받아들여져서 이후 미국 각지 및 유럽에 한국친우회가 조직되었다.

최초의 한국친우회는 1919년 5월 16일 제1차 한인대회가 열린 필라델피아에서 서재필의 주도로 발족했다. 유럽에서는 1920년 10월 26일 런던에서 62명의 유력 인사가 모여서 영국 한국친우회를 결성했다.

프랑스 한국친우회는 유럽에서 영국 다음으로 세워졌다. 영국과 프랑스에서 한국친우회를 조직하는 데 큰 공헌을 한 황기환이 1921년 7월 미국으로 활동지를 옮기면서 프랑스 한인친우회를 비롯한 대한민국임시정부의 대(對)유럽 외교활동이 중단되었다. 1934년 대한민국임시정부가 서영해(徐嶺海)를 주프랑스 외무위원으로 임명한 이후에야 다시 대유럽 외교활동이 이어졌다.

한국친우회 이후 유럽에서의 외교활동

한국친우회에 주도적으로 참여했던 루이 마랭은 이후 1926년 연금장관, 1934년 보건행정장관을 거쳐 1934년부터 1936년까지 국무장관을 역임했다. 1940년 5월 나치 독일에 프랑스가 점령당했을 당시에도 국무장관이었던 루이 마랭은 나치 독일의 괴뢰정부인 비시 프랑스에 정권을 넘길 때 협조하지 않았다.

루이 마랭은 비시 정권 시기 비(非)공산주의 입장에서 '프랑스 국내군'(FFI) 대장으로 레지스탕스 활동에 적극적으로 참여했다. 나치 독일의 비밀경찰인 게슈타포를 피해 1944년 4월 영국 런던으로 건너갔다. 그때 그의 나이가 70대였다. 나치 독일에 대항해 군사활동을 벌인 루이 마랭은 그 공로를 인정받아 레지옹 도뇌르 훈장 등 다수의 훈장을 받았다. 해방 이후 정치활동을 재개한 루이 마랭은 1952년 5월 선거에서 패한 이후 정치인으로서의 활동을 종료하고, 학자로서의 삶을 살았다.

1945년 9월 5일 일본이 항복하자 대한민국임시정부 주프랑스 외무위원을 역임한 서영해는 루이 마랭의 도움을 잊지 않고, "한국이 역사상 가장 암울한 시기에 처해 있을 때, 한순간의 망설임도 없이 한국을 도와주고 옹호한 프랑스의 고귀한 양심을 대표하는 분"이라며 감사의 편지를 보냈다.

 어려웠던 시절 유럽에서 조선의 독립운동을 지원했던 루이 마랭은 1960년 5월 23일 89세의 나이로 파리에서 사망했다. 뛰어난 학자이기도 했던 마랭의 학술활동을 기리기 위해 프랑스학사원은 매년 루이마랭상을 수여한다. 2015년 대한민국정부는 한국인의 외교독립운동을 지원한 루이 마랭의 공훈을 기려 건국훈장 애국장을 수여했다.

🔹 사건파일

구미위원부
미국과 유럽 외교를 총괄했던 기구

구미위원부(歐美委員部)는 1919년 8월 25일 이승만의 주도로 미국 워싱턴에 설치되었다. 구미위원부의 정식명칭은 '대한민국 특파 구미주찰위원부'(The Korean Commission to America and Europe for the Republic of Korea)로, 미국과 유럽에서 외교활동을 총괄하는 기구였다.

구미위원부 설치를 주도한 이승만은 3·1운동 당시 발표된 다양한 임시정부 구성안 중에서 한성정부(漢城政府)안을 자신의 정치적 근거로 활용했다. 구미위원부를 설치할 때도 한성정부 집정관총재(執政官總裁) 명의의 '공포문'을 근거로 내세웠다. 이처럼 공식적인 의사결정과정 없이 이승만이 구미위원부를 설치하면서 대한민국임시정부와의 관계는 매끄럽지 못했다.

구미위원부는 워싱턴 사무소가 본부 역할을 담당했고, 이외에 미국 필라델피아와 프랑스 파리, 영국 런던에 설치되었다. 파리사무소는 김규식이 설립한 파리한국통신부가 구미위원부 설치 이후 구미위원부 파리사무소로 변경되었다. 구미위원부는 대중집회와 명사 강연, 각종 홍보물 제작과 배포, 그리고 한국친우회 조직 등의 활동을 했다.

한국친우회는 미국 내 21개 도시와 영국 런던과 프랑스 파리로 확대되었다. 그렇지만 구미위원부는 김규식과 황기찬이 미국으로 이동한 것처럼 유럽보다 미주를 중심으로 활동했다. 특히 구미위원부가 미국 의회 선전 등에 집중하면서 이를 통해 미국 내 이승만의 영향력이 강화되었다.

구미위원부는 사무소 이외에 북미, 하와이, 멕시코, 쿠바 지역에 지방위원부를 만들었다. 지방위원부는 해당 지역의 교민들을 대상으로 공채금(公債金), 인구세(人口稅) 등 다양한 명목으로 자금을 모으는 역할을 담당했다. 이렇게 모은 자금은 대한민국임시정부로 전부 보내지지 않았고, 재정문제를 둘러싸고 대한민국임시정부와 이승만의 견해 차이가 심해졌다. 대한민국임시정부는 이승만이 미국에 체류하면서 대통령의 명의를 활용하여 어떠한 상의도 없이 독자적으로 권한을 행사하는 것은 문제라고 생각했다.

특히 이승만이 구미위원회를 통해 재정업무를 독점하는 것을 원하지 않았다. 이런 점을 개선하기 위해 대한민국임시정부는 구미위원부가 대통령의 '보좌'기구이며, 재정 업무가 아닌 외교 업무만을 수행해야 한다고 발표했다. 따라서 구미위원부는 공채 발행을 더 이상 해서는 안 되며, 공채 발행은 대한민국임시정부가 추후 임명하는 '주미 재무관'으로 하여금 '독립공채권'을 발행하는 방식으로 일원화하겠다고 밝혔다.

이승만과 대한민국임시정부의 이러한 대립은 쉽게 해소되지 않았고, 결국 이승만 대통령에 대한 탄핵으로 이어졌다. 1925년 3월 13일 곽헌(郭憲), 최석순(崔錫淳) 등 10명의 의원이 임시의정원에 대통령 탄핵안을 제출했고, 이 탄핵안은 임시의정원을 통과하여 이승만의 면직이 결의되었다. 또한 이승만 대통령 탄핵이 발표되기 며칠 전에 대통령 직무대리 박은식(朴殷植) 내각은 구미위원부를 폐지한다고 발표했다.

구미위원부 폐지의 첫 번째 이유로 구미위원부가 애초에 국무회의 결의나 임시의정원의 동의를 거쳐 적법하게 설립된 기구가 아니라는 점을 들었다. 이에 불복한 이승만은 4월 29일 '대통령 선포문'을 통해 한성정부의 계통을 이은 구미위원부를 계속 유지할 것이라고 밝혔다.

대한민국임시정부의 폐지 결정으로 구미위원부는 더 이상 대한민국임시정부를 대표할 수 없게 되면서 이제는 형식상으로 이승만의 독자적 조직이 되었다. 실제로 구미위원부는 이승만을 지지하는 하와이 대한인교민단과 동지회의 지원으로 유지됐다. 구미위원부의 운영은 신형호, 윤치영, 이용직, 허정 등 뉴욕의 한인유학생들이 주도했다. 윤치영의 주도로 1928년 동지회 뉴욕지부가 설립되었고, 허정은 《삼일신보》를 창간하여 여론을 주도하고자 했다.

이처럼 대한민국임시정부가 폐지했음에도 불구하고 이승만과 그 지지세력은 구미위원부의 활동을 계속 이어나갔고, 구미위원부는 이승만의 정치적 근거지가 되었다. 대한민국임시정부가 1934년 이승만을 외교위원으로 선정하면서 구미위원부는 이전과 다른 형태였지만 다시 대한민국임시정부와 연계되었다. 구미위원부는 1948년 9월 대한민국정부가 수립될 때까지 유지되었다.

褚補成 · 1873~1948

출처: 국가보훈부 공훈전자사료관

"이로부터 나의 자싱(嘉興)생활이 시작되었다. 성(性)은 아버님 외가 성을 따서 '장'(張)으로 하여 '장진구'(張震球) 혹은 '장진'(張震)으로 행세하였다. 자싱은 추푸청(楮補成) 씨의 고향인데, 저장성장(浙江省 長)도 지낸 추씨는 그 지역에서 덕망 높고 존경받는 신사였다."

— 《백범일지》 중에서

9

대한민국임시정부 요인들을
물심양면으로 도운 혁명가

1932년 4월 29일, 상하이 훙커우공원(虹口公園)에 폭탄이 터졌다. 그날은 일본 천황의 생일을 기념하는 '천장절'이자, 일본의 상하이 점령을 축하하는 대규모 행사가 열린 날이었다. 윤봉길(尹奉吉)이라는 한 조선 청년이 던진 폭탄은 일본 상하이파견군 사령관 시라카와(白川義則)의 목숨을 앗아갔고, 일본 해군 중장과 거류민단장 등 여러 고위급 인사들에게 중상을 입혔다. 의거는 단숨에 상하이와 동아시아의 정세를 뒤흔들었다. 곧이어 일본군은 프랑스 조계를 포함한 상하이 전역에서 조선인들에 대한 대대적인 검거 작전에 착수했다.

격랑의 현장을 통과해 낸 의지

대한민국임시정부의 김구(金九), 이동녕(李東寧), 엄항섭(嚴恒燮), 박찬익(朴贊翊) 등은 생명을 위협받는 처지가 되었다. 김구는 얼마간 미국인 선교사 피치 부부의 집에 숨어 지냈다. 하지만 일본군의 압박은 날로 거세졌고, 더 이상 상하이에 머무는 것이 불가능한 상황이었다. 이때 김구에게 손을 내민 이는 상하이에서 멀지 않은 수향(水鄕) 도시, 자싱의 명망가 추푸청(저보성)이었다.

추푸청은 이미 1910년대부터 중국의 혁명운동과 교육계몽운동에 참여해 온 원로 인사였다. 그는 상하이 지식인 사회에서 깊은 신뢰를 받고 있었고, 항일운동과 동북의용군 후원 등에도 앞장섰던 인물이었다. 그런 그가 생면부지의 조선인 망명자들(김구를 비롯한 대한민국임시정부 요인과 그 가족들)에게 은신처를 마련해주었다.

김구는 이 시기, 할머니의 성씨를 따 '장진구'라는 이름으로 신분을 위장했고, 추푸청의 수양아들 천퉁성(陳桐生)의 별채에 머물다가 급박한 상황이 닥치면 호수에 띄워둔 작은 배 안에 숨어 있었다. 안전을 위해 자싱을 떠나 추푸청의 장남, 추펑장(褚鳳章)의 처가가 있는 하이옌(海鹽)에도 머물렀다. 이처럼 김구의 고단하고 위태로운 피신의 나날을 가능하게 만든 조력자, 그가 바로 추푸청이었다.

추푸청(褚輔成)은 1873년 5월 27일, 중국 저장성 자싱에서 태어났다. 그는 남방의 물길이 사방으로 뻗은 수향도시 자싱에서 어릴 적부터 글을 읽었고, 시대의 흐름에 귀 기울이는 삶을 살았다. 본격적인 학문 수업은 열두 살 무렵 천난푸(沈安甫) 문하에서 시작했고, 이후 고향 부근의 학교로 진학하며 학문적 기반을 다져나갔다.

유교 고전과 전통 교육에 익숙했던 그는 1904년, 변화하는 시대의 조류를 따라 일본 유학을 결심했다. 도쿄경찰학교(東京警察學校)에 입학했으며, 곧 호세이대학(法政大學)으로 전학했다. 그곳에서 그는 황싱(黃興), 쑹자오런(宋敎仁) 등과 교류했고, 1905년에는 쑨원이 주도한 중국혁명동맹회에 가입했다. 삼민주의(三民主義: 민족, 민권, 민생)를 목표로 내건 이 비밀결사는 청나라 왕조의 붕괴와 새로운 공화 국가의 수립을 목표로 삼았다.

추푸청은 귀국 후 중국혁명동지회 저장지부의 책임자로 활동하면서 본토에서 혁명 사상을 확산시키는 데 나섰다. 또한 고향 자싱에 남호소학(南湖小學)과 개명여학교(開明女學校)를 설립하여 계몽운동과 교육사업을 병행했으며, 1907년에는 금연회(禁煙會)를 조직하여 사회 개혁의 실천에도 앞장섰다.

추푸청의 행보는 이상적 언설에 머물지 않았다. 1911년 신해혁명 이후 수립된 저장군정부(浙江軍政府)에서 정사부장⁽政事部長⁾에 임명되었고, 이듬해에는 민정사장⁽民政司長⁾으로서 정부 운영에 참여했다. 이후 국민당 초기 지도부로 활동하며 공화제 정착을 위해 헌신했으나, 위안스카이⁽袁世凱⁾의 탄압으로 체포되어 옥고를 치르기도 했다. 1916년 위안스카이의 사망 이후 풀려난 추푸청은 제1차 회복국회⁽恢復國會⁾에서 중의원⁽衆議院⁾으로 임명되었고, 쑨원이 이끄는 호법정부⁽護法政府⁾에 참여하며 북양정부와의 투쟁에도 힘을 보탰다.

1910년대 후반부터 1920년대 초반까지, 추푸청은 쑨원의 민족주의 노선에 호응하면서도 지방 정치와 헌법 기초 작업에도 관여했다. 1924년에는 고향에 제지공장을 설립하며 민간경제 영역에도 발을 들였다. 그러나 1927년 국민당 내부의 청당운동⁽清黨運動⁾ 때 공산당에 친화적이었던 추푸청은 공산당원으로 오해를 받아 연금되었고 정치 일선에서 밀려났다. 그 뒤로 그는 상하이로 거처를 옮겨 교육, 계몽, 상업 등 각종 민간활동에 열과 성을 다했다.

추푸청은 계몽운동가이자 교육자, 혁명가이자 정치 실무자로 중국 근대사라는 격랑의 현장을 수없이 거쳤다. 그리고 상하이에서의 새로운 국면이라 할 대한민국임시정부와의 만남은 바로 이러한 역정의 연속선상에 있었다.

추풍청 가(家)와 함께 한 임시정부의 피난

1927년, 국민당의 청당운동으로 인해 정치적 탄압을 받은 추푸청은 상하이로 이주한 뒤 정계에서 한발 물러났다. 그러나 그는 조용히 은둔하지 않았다. 상하이법과대학의 이사장 겸 교장으로 법률 교육에 힘을 쏟았고, 동시에 상하이 지식인 사회의 원로로서 민간 항일운동을 지원했다. 동북의용군을 비롯한 무장 저항세력에 대한 후원에도 참여했으며, 지역 유지들과 함께 '항일구국회'를 조직해 일본제국주의에 맞서는 민간 조직망을 구축했다.

출처: 독립기념관 소장자료

윤봉길 의사가 폭탄을 던진 직후의 상황을 찍은 사진.

출처: 독립기념관 소장자료

미군정청 공보부에서 촬영한 김구의 사진.

　　상하이는 중국 혁명가는 물론, 조선인과 같은 약소민족의 혁명가들이 뒤섞여 활동하는 공간이었고, 동아시아 반제 운동의 접점 지역이기도 했다. 이 시기 추푸청은 상하이에서 활동 중이던 대한민국임시정부 인사들과 자연스럽게 연결되기 시작했다.

　　1932년 4월 29일, 윤봉길이 상하이 훙커우공원에서 일본군 고위 장성을 향해 폭탄을 투척한 사건은, 추푸청이 한국 독립운동과 접촉하는 결정적 계기가 되었다. 이 의거 이후 상하이 일대는 일본군의 보복과 검거로 뒤덮였고, 대한민국임시정부 인사들은 일제히 체포 대상이 되었다. 김구를 비롯한 이동녕, 박찬익, 엄항섭 등 주요 인사들과 그 가족들은 신변의 위협에 시달렸고, 프랑스 조계는 더 이상 안전한 피난처가 될 수 없었다.

이러한 상황에서 추푸청은 대한민국임시정부를 향해 망설임 없이 손을 내밀었다. 그는 상하이 인근 자싱에 위치한 자신의 집과 별채, 그리고 가문의 옛 면사공장을 임시정부 인사들의 피신처로 내주었다. 김구는 피치(George A. Fitch) 선교사 집에서 잠시 은신한 뒤, 추푸청 측의 도움을 받아 자싱으로 이동했고, 이때부터 '장진구' 혹은 '장진'이라는 가명을 사용하며 신분을 위장했다.

자싱에 도착한 김구는 추푸청이 소유한 수륜사창(秀綸絲廠)이라는 면사공장에 머물렀다. 공장은 이미 폐업 상태였으나 외부인의 출입이 거의 없어 은신처로는 제격이었다. 그리고 수륜사창에서 멀지 않은 메이완가(梅灣街) 76호에 있는 추푸청의 수양아들 천퉁성의 별채에서 머물렀다.

김구의 은신처에는 비상시 탈출이 가능한 출입구가 따로 마련되어 있었다. 근처 수로에는 탈출용 소형 배까지 준비되어 있어서 긴급한 상황에는 언제든 피신할 수 있도록 준비되어 있었다. 이후 김구는 '오늘은 남문 호수에서 자고, 내일은 북문 강변에서 자는' 생활을 했다. 자싱 남호와 그 주변으로 뻗어 있는 강은 그의 은신처이자 생활터였다.

　더 주목할 것은, 임시정부 요인들뿐 아니라 그들의 가족들까지도 추푸청 가문의 보호 아래 있었다는 것이다. 이동녕, 박찬익, 엄항섭, 김의한(金毅漢), 이시영(李始榮) 등과 그 가족들은 김구보다 앞서 자싱으로 피신해 있었다. 메이완가에서 200m 정도 떨어진 르후이교(日暉橋) 17호 건물이 '임시정부 요인들의 집'이었다. 심지어 김구의 어머니 곽낙원과 두 아들 또한 조선에서 비밀리에 출국하여 자싱으로 합류했으며, 이들 모두가 추푸청 가문의 보호 아래 일상을 유지할 수 있었다. 이처럼 추푸청의 배려는 단순히 공간을 내주는 차원이 아니라, 생존의 가능성을 열어주는 안전망이었다.

　하지만 상하이에 대한 일본군의 감시와 탄압은 날로 강화되었고, 자싱까지 그 손이 뻗치게 되자, 추푸청과 그의 가족은 다시 한번 결단을 내렸다. 그는 김구가 자싱에서 더는 머물 수 없음을 직감하여 이번에는 가족의 더 깊은 사적인 공간을 내주기로 한 것이다. 추푸청의 며느리 주자루이(朱佳蕊)의 친정이 있는 저장성 하이옌(海鹽)의 재청별장(載靑別墅)이 새로운 피신처로 정해졌다.

　당시 주자루이는 출산한 지 얼마 되지 않은 몸이었

김구의 피신처였던 자신의 수륜사창.

다. 갓 아이를 낳은 젊은 여인이 긴 피난 여정을 함께한다는 것은 결코 쉬운 일이 아니었다. 그러나 주자루이는 시아버지인 추푸청, 남편 추펑장과 의논 끝에 망설임 없이 나섰다. 그녀는 김구의 피난을 돕기 위해 자신의 고향 집을 내주는 것뿐 아니라, 일행과 함께 배를 타고 하이옌으로 향하는 여정에도 동행했다.

김구는 이 여정을 깊이 마음에 새겼다. 그는 묵묵히

© 이혜린

하이옌 재청별장.

함께하는 한 젊은 여인의 의연한 모습을 지켜보았다. 그 순간을 마음속에 깊이 간직했고, 언젠가 이 여정의 한 장면을 활동사진으로 남겨 자손들에게 전하고 싶다고 생각했다.

"나는 우리 일행이 이렇게 산을 넘어가는 모습을 활동사진기로 생생하게 담아 영구 기념품으로 제작하여 만대 자손에게 전해줄 마음이 간절하였다. 그러나 활동사진기가 없는 당시 형편에서 어찌할 수 있으랴. 우리 국가가 독립이 된다면, 우리 자손이나 동포 누가 추부인(주자루이)의 용감성과 친절을 흠모하고 존경치 않으리오. 활동사진은 찍어두지 못하나 문자로나마 기록하여 후세에 전하고자 이 글을 쓴다."

— 『백범일지』 중에서

민족의 독립을 위해 기꺼이 희생하는 사람들이 있었다는 것을, 그리고 그중에는 이름조차 남기지 않은 중국 여성의 용기가 있었다는 것을, 김구는 기록으로라도 남기고자 했다.

하이옌에 도착한 다음 날, 김구는 남북호를 낀 산자락에 자리한 재청별장에 몸을 숨겼다. 그곳은 원래 주자루이의 친정 주씨 가문이 소유한 별장이었고, 1910년대에 피서와 요양을 위해 지어진 아늑한 건물이었다. 그는 이곳에서 약 6개월간 머물며 사색의 시간을 보냈다. 창밖으로 보이는 산과 호수, 멀리서 불어오는 바람, 그리고 고요한 정자에 앉아 바라본 수묵화 같은 풍경. 김구는 이곳에서 처음으로 '휴식'을 체험했지만, 그것은 결코 평온한 시간이 아니었다. 독립운동가로서의 의지와 조국에 대한 그리움은 그의 마음 속에 오롯이 남았다.

"우리 국가가 독립이 된다면, 우리 자손이나 동포 누

가 추부인의 용감성과 친절을 흠모하고 존경치 않으리오." 김구는 이 말을 단지 예의로 한 것이 아니었다. 물심양면으로 곁을 내준 추푸청 가문에 대한 깊은 감사이자, 한·중 연대가 어떻게 사람과 사람을 통해 이어졌는지를 증언하는 고백이었다.

이처럼 추푸청은 한국 독립운동의 후방을 지탱한 인물이었다. 그의 집과 가족, 인맥과 자산은 대한민국임시정부가 그 명맥을 유지하고 재정비할 수 있는 결정적 기반이 되었다. 조선의 독립은 그렇게 자싱의 골목에서, 수류사창의 담벼락 안에서, 그리고 하이옌 남북호로 향하는 발걸음 위에서 이뤄지고 있었다.

한·중 연대의 심화와 한국 독립운동 지원

1937년 중일전쟁이 전면전으로 확대되자, 중국은 전시 체제 강화를 위해 국민당 주도로 자문기구인 국민참정회(國民參政會)를 조직했다. 추푸청은 참정원(參政員)으로서 주도적으로 참여하여 조선의 독립에 대한 후원을 멈추지 않았다.

1940년 5월 22일, 그는 쑹위안위안(宋淵源)을 포함한 28명의 참정원 의원들과 함께 하나의 건의안을 준비했다. "타이완(臺灣)과 한국의 혁명운동 후원 및 적의 조속한 붕괴 촉진 방안"(제안 제27호)로 명명된 이 안건은 국민참정회 제5차 회의에서 통과되었고, 곧 국민정부에 제출되었다.

그 핵심 내용은 이러했다. 중국이 한국 독립에 대한 공식 지지를 천명함으로써, 중국 내부뿐 아니라 국제사회에도 대일항전의 명분을 강화하는 것이다. 또한 타이완과 한국의 혁명운동을 가속화시키는 것이 중국의 전쟁 승리에 실질적인 도움이 된다고 판단했으며, 두 민족의 지사들이 연대할 수 있는 통합 조직을 만들어 이를 중국이 지원해야 한다는 주장도 담겨 있었다.

이 제안은 조선과 타이완의 망명 지사들을 중국 항일의 동반자로 정식 인정하는 의미를 지녔다. 이 결의에는 추푸청의 생각이 분명히 담겨 있었다. 그는 1930년대 초 피신해 있던 김구와 임시정부 요인들을 도운 한 개인으로서, 중국 정치권의 일원으로서 한국 독립운동의 정당성과 필요성을 거듭 확인한 것이다.

1942년, 항일 전선이 장기화되면서 중국 사회 내부에서도 대한민국임시정부에 대한 승인 여론이 점차 확산되었다. 이에 호응하듯, 같은 해 10월 11일 충칭(重慶)에서는 한·중의 지식인과 정치인들이 함께 '중한문화협회'(中韓文化協會)를 창립했다. 이는 단순한 친선 단체를 넘어, 항일 공동 전선을 문화·정치적으로 뒷받침하는 민간 연대조직으로서 중요한 역할을 했다.

본부는 충칭에 두고, 청두(成都)와 상하이, 쿤밍(昆明) 등 주요 거점에 분회를 설치했다. 추푸청은 국민참정회 참정원 비서장의 신분으로, 1945년 9월 29일 쿤밍에서 열린 중한문화협회 분회 창립식에도 참여했다. 이 모임에는 쿤밍 시장 뤄페이룽(羅佩榮)을 비롯하여 룽바이즈(龍白知)·리페이톈(李培天) 등 중국 측 인사들과 함께, 한국 측에서는 김좌경(金佐卿)·이사영(李士英)·장성철(張聖哲) 등이 참석했다. 이들 모두는 일제의 패망을 눈앞에 둔 시점에서, 광복 이후의 협력을 염두에 두고 행동하고 있었다.

이 시기 추푸청은 자신이 할 수 있는 방식으로 한·중 연대를 뒷받침했다. 그는 한 개인이나 가문 차원에서 머무르지 않고, 국민당 체제 내에서 한국 독립운동에 대한 정당한 후원과 제도적 협력을 견인해 낸 인물이었다. 이후 추푸청은 정치적 활동에서 점차 물러나게 되지만, 그가 보여준 헌신은 광복 이후에도 기억되었다. 대한민국 정부는 1996년, 그의 오랜 헌신을 기리며 건국훈장 독립장을 추서했다. 추푸청과 그의 가문이 지켜낸 사람들, 그들의 연대는 이미 역사 속에 깊이 새겨져 있었다.

🔖 사건파일

김구 피난처
후손들이 이어간 기억의 공간

　김구가 남긴 발자취는 역사책 속에서만 되살아나는 것이 아니었다. 수십 년의 세월이 흐른 뒤에도, 그를 지켜주었던 사람들과 그의 여정을 기억하는 이들은 인연의 끈을 놓지 않았다. 추푸청 가문도 마찬가지였다.

　1990년대, 김구의 아들 김신(金信)은 중국 곳곳에 남겨진 아버지의 흔적을 찾아 나섰다. 그의 여정은 중국정부가 김구의 피난처들을 본격적으로 재조명하게 되는 계기가 되었고, 특히 추푸청의 손녀 추리정(楮離貞)은 자싱에 있던 김구 피난처 복원 과정에서 결정적인 증언과 실질적인 도움을 제공했다. 이후 현지 주민들을 이주시키고, 당시 피난처였던 건물을 기념관으로 정비하는 과정에서 추푸청 가문은 사비를 출연하여 복원에 힘을 보탰다.

　그렇게 자싱 메이완가에 자리한 천퉁성의 별채, 현재 '김구 피난처'로 불리는 이 건물은 2005년 저장성 성급 문화재(浙江省省級文物保護單位)로 지정되었다. 그리고 바로 옆에는 또 하나의 작은 공간이 자리하고 있다. '추푸청 사료 진열실'이다. 나란히 서 있는 두 건물은 임시정부 요인들이 피난할 수 있었던 배경에 추푸청 가문이 존재하고 있었음을 상기시킨다. 그저 말없이 서 있을 뿐이지만 두 건물은 한 시대를 함께한 한·중 우호의 장면을 고요히 증언하고 있다.

그리고 또 한 명의 중국인이 이 작업에 힘을 보탰다. 작가 하롄성(夏連生)은 난징에서 태어나 자싱에서 청소년기를 보냈고, 1980년대에는 《자싱일보》에서 문학 편집을 맡았다. 그러나 그가 한국과 깊은 인연을 맺게 된 계기는 뜻밖에도 가족사에서 비롯되었다.

하롄성의 형부 유수송(劉秀松)은, 김구의 경호원이었던 유평파(劉平波)의 아들이었다. 유평파가 난징에서 병사한 뒤, 유수송은 고아로 자라며 자신의 뿌리를 알지 못한 채 성장했다. 1967년, 그는 정치적 탄압 속에서 '남조선 스파이'로 지목되어 고초를 겪었고, 하롄성의 아버지도 그 충격으로 세상을 떠났다.

1989년 봄, 한국에 있던 유수송은 하롄성에게 한 통의 편지를 보냈다. "김신을 도와 자싱에서 그의 아버지 김구의 자취를 찾아달라"는 간곡한 부탁이었다. 하롄성은 곧바로 움직였다. 그해 7월, 김신과 함께 자싱 곳곳을 조사하며, 추푸청과 천퉁성의 후손, 그리고 지역 주민들과 만났다. 이들로부터 김구의 피난 생활에 대한 생생한 증언을 들을 수 있었다.

특히 옌자빈(嚴家濱)이라는 곳에서 만난 쑨꾸이룽(孫桂榮)은 《백범일지》에도 나오지 않는 귀중한 이야기를 들려주었다. 김구는 매일 그에게 신문을 사 오게 하여 정세를 파악했고, 엄항섭이 갈대밭을 건너 작은 배로 김구를 찾아오곤 했다는 것이다. 두 사람이 나란히 앉아 조국의 미래를 논하던 풍경은, 수십 년 뒤 쑨꾸이룽의 기억 속에 선명히 남아 있었다. 1996년 6월 5일, 김신이 복원된 재청별장을 처음 찾은 날. 그는 입구에 여덟 글자를 남겼다.

"飮水思源 韓中友誼"
(음수사원 한중우의)

물을 마실 때 그 근원을 떠올리듯, 한중 간 우정의 뿌리를 기억하자는 뜻이었다. 이 말처럼 김구와 임시정부 요인들, 그리고 그 가족들이 겪은 피난의 시간은 추푸청 가문을 비롯한 수많은 중국인의 연대와 헌신 속에서 가능했다. 그 시간은 단지 고난의 흔적이 아니라, 두 민족이 서로를 기억하고 이어온 우정의 증표가 되었다.

George Shannon McCune · 윤산온 尹山溫 · 1873~1941

출처: 국가보훈부 공훈전자사료관

"신사참배 문제에 대하여 숭실전문과 숭실학교 교장 윤산온(尹山溫) 박사는 18일 오후 2시 30분 마포삼열(馬布三悅) 박사와 함께 평남도청을 방문하고 (…) 숭실전문과 숭실학교로서는 신사에 참배할 수 없다고 답변하였다. 이로써 여러 달 동안 문제를 거듭하던 것이 결국 최후의 결렬에 이르렀다. 이에 대하여 평남도 당국에서는 그 최후 대책으로 윤산온 박사를 숭실전문과 숭실학교장의 인가를 취소해 버려 윤산온 박사는 교장의 직을 파면당하였다."
— 〈학교측 "불참배" 표명 최후의 교섭은 결렬〉, 《동아일보》(1936. 1. 19.) 기사 중에서

조지 S. 맥큔

10

신사참배 거부로
민족적 자존심 고수하게 한 교육자

1936년 1월, 조선총독부는 평양에 있는 숭실전문학교와 숭실중학교의 교장 인가를 일방적으로 취소했다. '불참배', 즉 신사참배 거부가 그 이유였다. 이 결정의 중심에 있었던 이는 미국인 선교사 조지 새넌 맥큔이었다. 그는 평양에서 20년 넘게 교육과 선교 활동을 이어오던 인물이었다. 그러나 일제의 명령에도 끝내 신사 앞에 머리 숙이지 않았고, 그 대가는 학교에서의 축출이었다. 그의 퇴임 소식이 전해진 날, 수많은 숭실 학생들과 평양 시민들이 그를 배웅하기 위해 거리에 나섰다.

유창한 한국어 구사하는 외국인 교장 선생님

그는 한국인들에게 '윤산온'(尹山溫)이라는 이름으로 불렸다. 영어 이름 McCune의 발음을 따 '윤'(尹)을 성으로, 중간 이름인 Shannon에서 '산온'(山溫)을 따서 만든 이름이다. 그의 아들은 훗날 이 이름을 두고 '에너지가 끓어오르는 산, 폭발 직전의 화산' 같은 뜻이 담겼다고 설명하기도 했다. 실제로 그의 삶과 활동은 그 이름처럼 조용한 산이 아니라 불타오르는 열정의 화산에 가까웠다. 조지 새넌 맥큔, 혹은 윤산온. 그는 누구였고, 왜 신사참배 앞에서 물러서지 않았을까?

조지 새넌 맥큔은 1872년 12월 15일, 미국 펜실베이니아주 피츠버그에서 태어났다. 아버지를 일찍 여읜 그는 가족의 생계를 돕기 위해 어린 시절부터 일을 해야 했다. 학업은 자연히 뒤로 밀렸고, 그는 학교를 다니는 대신 어머니와 누나를 도와 생계를 꾸렸다. 하지만 배움에 대한 열망은 쉽게 꺼지지 않았다. 그는 일을 하며 공부할 수 있는 길을 찾아냈고, 마침내 파크대학(Park College)에 입학했다.

파크대학은 미국 중부의 작은 신학교 기반 대학이었지만, '노동을 통해 자립하는 삶'을 강조한 독특한 교육철학을 가지고 있었다. 학생들은 직접 일해 얻은 임금으로 학비를 충당했고, 교수와 학생이 함께 노동하는 공동체 분위기가 캠퍼스 전반에 퍼져 있었다. 이 학교는 지성(Head), 덕성(Heart), 그리고 기술(Hand), 이른바 '3H 교육'을 핵심 가치로 삼았다. 맥큔은 이곳에서 7년간 수학하며 노동과 학문, 신앙의 조화를 경험했고, 1901년 학부를 졸업한 뒤에는 피츠버그대학원에서 문학석사를 취득하고 미주리 주립대학에서 신학을 공부했다.

그는 자신이 체험한 '정직한 노동'이 인간을 훈련하고 변화시킨다는 확신을 평생 지녔다. "노동은 단지 경제적 필요를 충족하는 수단이 아니라, 인격을 단련시키는 신앙적 훈련"이라는 믿음이었다. 1905년, 그는 장로교 목사로 안수를 받고 북장로교 선교사로 한국에 파견되었다. 아내 헬렌 맥아피(Helen B. McAfee)와 함께 한국에 도착한 그는 평양에서 언어 연수를 받으며 선교 준비에 나섰다. 부부는 4년간 한국어를 집중적으로 익혔고, 이후 능숙한 한국말로 선교활동은 물론 농담까지 할 수 있을 정도의 유창한 한국어를 구사할 수 있었다.

1909년, 그는 평안북도 선천의 신성학교(信聖學校) 교장으로 부임했다. 그가 맡은 신성학교는 개성 있는 교육 실험의 현장이었다. 학생 대부분은 농촌 출신의 가난한 소년들이었고, 학교는 교사 부족과 운영 미숙, 재정난에 시달리고 있었다. 하지만 맥큔은 주저하지 않았다. 그는 자신이 몸소 체험한 파크대학의 모델을 신성학교에 이식했다. 학교에 실업부를 설치하고, 학생들이 농사, 목공, 수위, 인쇄 등 다양한 작업을 통해 학비를 벌 수 있도록 했다. 기숙사 생활은 공동체성과 자기관리 훈련의 장이자 인격 교육의 현장이었다.

무엇보다 그는 노동을 천시하던 조선 사회의 분위기를 바꾸고자 했다. 양반 자제들이 손에 흙 묻히는 것을 꺼리던 시대, 맥큔은 교실 밖에서 구슬땀 흘리는 학생들의 모습을 '예수의 제자 훈련'으로 여겼다. 그는 "일을 한다는 것은 단순한 생계가 아니라, 예수와 그의 교회를 위해 일하고 고난받을 준비를 하는 것"이라고 말했다. 이런 실천은 평안북도 전역의 장로교계 중등교육에 적지 않은 영향을 끼쳤고, 그를 통해 자립정신과 노동윤리에 눈뜬 학생들은 이후 각지에서 교사와 지도자로 성장해 나갔다.

이처럼 한국에서의 첫 발걸음부터 맥큔은 복음을 전하는 선교사이기 이전에, 삶을 가르치는 교육자였다. 그리고 그 교육은 책상 위의 글이 아니라, 밭과 공작실, 기숙사와 식당, 그리고 기도의 자리에서 이뤄지는 것이었다. 그는 조선이라는 새로운 땅에서 그의 신념을 실천하고 있었다.

교육은 진실을 감추지 않는 실천이자 증언

1911년, 조선총독부는 이른바 '데라우치 총독 암살 음모 사건'을 조작하여 대규모 탄압에 나섰다. 1910년 말, 총독 데라우치 마사타케(寺内正毅)가 압록강 철교 개통식을 계기로 평양, 선천, 신의주 일대를 시찰하던 중, 조선인들이 그를 암살하려 했다는 혐의를 내세운 것이다. 이를 빌미로 약 160명이 체포되었고, 이 중 105명이 실형을 선고받으면서 이 사건은 '105인 사건'으로 불리게 되었다.

이 일로 맥큔도 조선총독부의 감시 대상이 되었다. 맥큔은 동료 선교사인 새뮤얼 모펫(Samuel A. Moffett)과 함께 고문 사실을 폭로하고, 그 내용이 영어권 언론을 통해 외부에 알려지는 데 기여했기 때문이다. 그뿐 아니라 그는 공판 중이던 피고인들을 공개적으로 변호했고, 설교에서 "약자라도 지극히 정대(正大)하면 강한 자를 이길 수 있다"며 다윗과 골리앗의 이야기를 언급하기도 했다. 조선총독부는 이 비유가 조선을 다윗에, 일본을 골리앗에 빗댄 것으로 해석하며 불쾌감을 드러냈다.

이러한 행동은 조선총독부의 견제를 불러왔지만, 동시에 외국 언론과 종교단체의 주목을 끌었다. 맥큔의 발언과 선교사들의 문제 제기는 105인 사건에 대한 국제적 관심을 불러일으켰고, 미국을 비롯한 여러 나라의 종교계 인사들이 조선총독부에 항의하는 계기가 되었다. 이 사건은 그에게 조선에서의 교육과 선교가 결코 비정치적일 수 없다는 현실을 각인시키는 계기가 되었다.

1919년 3·1운동이 일어나자, 선천 역시 격렬한 만세 시위의 중심지가 되었다. 신성학교 학생과 교직원들은 거리로 나섰고, 일본경찰은 시위에 대해 발포로 대응하며 강경 진압에 나섰다. 다수의 인사들이 체포되자 맥큔은 검거를 피해 도망친 학생들을 자기집에 숨겨 주었다. 또한 3·1운동의 내용과 의의를 담은 글을 외국인 여행자에게 편지 형식으로 전달해 검열을 피하고, 미국 시카고의 《컨티넨트》(The Continent) 잡지사에 보내 게재되도록 했다.

이듬해인 1920년, 한국 사정을 조사하기 위해 미국 의회 조사단이 조선을 방문하자 맥큔은 한국인 독립운동가들의 진정서를 영어로 번역해 전달했다. 같은 해 9월에는 신성학교 출신 박치의(朴治毅)가 선천경찰서에 폭탄을 투척하는 사건이 있었고, 맥큔은 이 사건과 관련해 일시적으로 법정에 서는 일까지 겪었다.

이러한 사건들은 맥큔의 인식에 깊은 영향을 주었다. 그가 생각한 기독교 교육은 단순한 교리 전달이나 인격 수양에 그치는 것이 아니었다. 조선의 현실 속에서 교육은 양심을 훈련하는 일이며, 진실을 감추지 않는 실천이자 증언이었다. 그는 학교의 울타리 안에 머물지 않았고,

시대적 요청 앞에서 주저하지 않는 실천의 길을 택했다.

1921년 6월, 맥큔은 신성학교 교장직에서 물러나 미국으로 귀국했고, 이후 1927년 9월까지 사우스다코타주 휴런대학(Huron University) 학장에 취임하여 행정과 교육 활동을 이어갔다. 그는 귀국 후에도 한국인 유학생들에게 실질적 도움을 아끼지 않았다. 맥큔의 한국에 대한 열정은 미국에서도 식지 않았다. 그의 한국 이름 '윤산온'처럼, 그는 조용한 산이 아닌 불붙는 열정의 사람, 즉 신념과 행동이 일치한 교육자이자 선교사였다.

신사참배 거부로 지킨 교육관

1928년, 조지 맥큔은 다시 조선 땅을 밟았다. 숭실학교의 요청으로 귀환한 그는 1929년 6월 14일, 숭실학교와 숭실전문학교의 교장으로 공식 취임했다. 이미 선천 신성학교에서 십여 년 동안 교육자로서 활동하며 한국 사회와 깊이 연대했던 그는, 이번에는 기독교 고등교육의 거점인 숭실을 책임지는 자리에 섰다.

맥큔은 취임 직후 학교의 기반을 다지는 일에 주력했다. 기숙사 부족 문제를 해결하기 위해 기숙사 증축을 추진했고, 강당을 신축하여 학교 행사뿐 아니라 평양 일대

기독교계의 주요 집회를 유치할 수 있는 중심 공간으로 삼았다. 교육환경을 개선하고, 기독교 공동체의 연대 기반을 확장하려는 노력이었다.

또한 그는 숭실전문학교 내에 3년제 농과를 설치하고, 잡지《농민생활》을 발간하여 기독교적 농촌 계몽운동을 이끌었다. 이 잡지는 장로교 총회 산하 각 노회를 통해 지역사회에 배포되었다. 맥큔은 주요 호에 직접 글을 기고하며 농촌 계몽운동에 깊이 관여했다. 그는 근검과 자립, 그리고 기독교적 노동윤리가 실현되는 농촌을 '신앙의 터전'으로 여겼다.

하지만 1930년대 들어 일제의 대륙 침략이 본격화되면서, 조선 기독교계는 '신사참배'라는 중대한 도전에 직면했다. 일본은 만주사변을 계기로 국가 신도(神道) 체계를 강화했고, 조선총독부는 국가 위기의식을 조장하며 신도를 통한 사상 통제를 시도했다. 교육 현장도 예외가 아니었다.

1935년 11월 14일, 평안남도 내 각급 학교장 회의가 평양에서 열렸다. 회의 전 모든 참석자들에게 평양신사(平壤神社)에 참배하라는 명령이 떨어졌고, 숭실의 교장이던 맥큔도 예외가 아니었다. 그는 종교의 본질을 훼손하는 행위라며 이를 단호히 거부했고, 이후 평안남도 도지사로부터 반복적인 경고와 협박, 나아가 숭실학교의 폐쇄 위

출처: 독립기념관 〈한국독립운동인명사전〉

평양 숭실전문학교(숭실대학) 교수와 학생들.

출처: 국가보훈부 공훈전자사료관
1940년대 초 평양신사에 참배하고 나오는 지원병들.

협까지 받았다.

맥큔은 굴하지 않았다. '신앙의 자유를 지키는 일이 교육자의 양심'이라 여겼던 그는 학생들에게도 신사참배를 강요하지 않았다. 결국 1936년 1월 20일, 조선총독부는 숭실중학교와 숭실전문학교 교장직 인가를 동시에 취소했고, 맥큔은 학교를 떠나야 했다.

그의 퇴임 소식이 알려지자, 학생들과 평양 시민 수백 명이 그의 집과 평양역으로 몰려들었다. 오랜 시간 조선 사회와 고락을 함께해 온 이 미국인 교사의 귀국을 아쉬워하며, 시민들은 손을 잡고, 작별 인사를 전하고, 기도했다. 맥큔은 말없이 손을 흔들며 그들 곁을 떠났다. 조선인들에게 경제적 독립심을 심어주고 종교적인 순수성을 지킬 것을 강조한 맥큔은 그렇게 조선을 떠났다.

귀국 후 그는 시카고 인근의 무디성서신학교(Moody Bible Institute)에서 교수로 재직했다. 성서의 무오성(無誤性)과 전도를 강조하는 이 학교에서 그는 성경 해석과 선교학을 강의했다. 또한 한인 유학생들의 간행물인 《더 코리안 스튜던트 블러틴》(The Korean Student Bulletin)의 자문위원(Board of Advisors)으로 활동하면서 유학생들과의 교류를 이어갔다. 그는 한인들의 모임에 참석해서 유창한 한국어 연설로 신사참배 문제를 알리고, 유학생들의 학업과 생활을 지원했다.

가족들도 그와 뜻을 함께했다. 1941년 3월 그는 두 아들과 함께 한국에 관한 연구 시리즈 발간을 시작했다. 그러나 같은 해 12월 7일, 조지 맥큔은 갑작스러운 병환으로 운명을 달리했다. 일본의 진주만 공격으로 미국이 제2차 세계대전에 참전한 바로 그날이었다. 한국에 대한 연구 시리즈는 그의 아들들이 물려받아서 계속 발간할 수밖에 없었다. 그의 아들과 며느리는 한국에 대한 많은 글을 남기면서 미국 내 한국 연구에 기여했다.

대한민국정부는 맥큔의 이러한 헌신을 기려 1963년 건국훈장 독립장을 추서했다. 그러나 그에 대한 진정한 보상은, 식민지 조선의 학생들과 동료들이 오래도록 기억한 '윤산온'이라는 이름이 아니었을까? 산처럼 굳건하면서도 따뜻했던 사람, 끝까지 '정대'(正大)의 길을 걸은 교사이자 선교사 말이다.

🔖 사건파일

숭실학교 폐교
교육적 양심을 지키기 위한 자발적 선택

1930년대 일제와 대항하여 싸운 민족운동 중에는 기독교인들의 신사참배 거부 운동이 있었다. 조선총독부는 조선인의 일본인화를 위한 방편으로 신사참배를 강요했고, 특히 1930년대 들어 신사참배를 '종교가 아닌 국가의례'라 주장하며 교육 현장에 본격적으로 침투시켰다. 1920년대까지는 강제성을 띠지 않던 신사참배는 중일전쟁(1937) 발발 이후 조선 내 중등교육기관에도 법적·행정적 명령으로 강요되었고, 이는 곧 신앙과 양심, 교육 자율성을 둘러싼 갈등으로 이어졌다.

1935년 11월, 평안남도청 회의실에서 열린 중등학교장 회의에서 평양신사 참배를 강력히 지시한 도지사의 발언에 대해, 숭실전문학교 교장 조지 맥큔과 숭의여학교 교장 스눅(Miss V. L. Snook)은 끝까지 반대 의사를 밝혔다. 이에 평안남도는 60일의 유예 기간을 설정하고, 그 안에 참배를 이행하지 않으면 교육자 자격을 박탈하겠다고 통보했다. 그러나 맥큔은 굴하지 않았다. 그는 평양 선교부 실행위원회 및 선교사들과 이 사태를 공유하는 한편, 평양 지역의 한국인 목사 27명을 소집하여 논의한 끝에 신사참배 거부를 결의하였다.

유예 기간이 끝난 후 맥큔은 신사참배를 거부하겠다는 공식 서신을 도지사에게 전달했고, 결국 1936년 1월, 그는 교장직 인가를 박탈당했다. 하지만 이후에도 숭실학교는 내부 이사회와 선교사, 교수진의 협의를 거쳐 신사참배 명령을 따르지 않았다. 학교는 신앙의 양심을 저버릴 수 없다는 원칙 아래 참배를 계속 거부했고, 이는 곧 학교 전체의 존립을 위협하는 문제로 비화되었다.

1937년 중일전쟁 이후 조선총독부는 신사참배 강요를 더욱 강화했으며, 이에 따라 신사참배를 끝까지 거부한 기독교계 학교 다수는 문을 닫아야 했다. 1938년까지 장로교 계통의 사립학교 18개교가 신사참배 거부로 인해 폐교되었고, 숭실학교 또한 그해 3월 4일 자진 폐교를 결정했다. 이는 외압에 의한 강제 폐쇄가 아닌, 기독교 교육기관으로서의 정체성과 신앙의 순수성을 지키기 위한 선택이었다.

숭실의 폐교는 단순히 한 학교의 역사적 종말을 뜻하는 것이 아니었다. 이는 일제의 사상 통제 정책에 대한 집단적 저항이며, 기독교 교육계가 끝까지 지키고자 했던 신앙과 양심의 기록이었다.

이후 1939년 일제가 황국신민화운동을 본격화하고, 1940년에는 '기독교 반전공작 사건'(基督敎反戰工作事件)을 조작하여 지도급 기독교 인사들을 체포하자, 신사참배에 저항하던 기독교인들에 대한 탄압은 더욱 거세졌다. 주기철(朱基徹)·최봉석(崔鳳奭)·최상림(崔尙林) 목사, 박관준(朴寬俊) 장로, 박의흠(朴義欽) 전도사 등 수많은 이들이 구속되었고, 일부는 끝내 옥사했다. 신사참배 거부로 인해 구속·처형된 기독교인 수만 324명에 이르렀다.

숭실학교의 폐교는 일제 말기 조선 기독교계가 맞닥뜨린 시대적 고난과 결단을 상징한다. 숭실학교는 교단이나 선교부의 방침을 넘어서, 신앙의 전통 위에서 자발적이고 집단적인 선택을 실천했고, 이는 조선 기독교 교육 기관이 식민 권력의 압박 속에서도 결코 포기하지 않았던 정체성과 저항의 정신을 보여주었다.

3부

제국주의에
저항한
정의로운
연대

조지 L. 쇼, 후세 다쓰지, 가네코 후미코, 애시모어 A. 피치, 두쥔훼이. 이들은 조선을 단순한 타국이 아니라, 억압받는 인간 공동체의 일원으로 인식했고, 그 안에 존재하는 고통과 부당함을 외면하지 않았다. 조선의 독립을 민족주의적 요구나 지역적 사건으로만 보지 않고, 인류 보편의 정의 실현이라는 관점에서 바라본 그들의 시선은 그 자체로 시대를 앞서간 통찰이었다. 이들은 단순한 관찰자나 기록자가 아니라, 억압의 구조 안으로 뛰어든 실천자들이었다. 정의가 침묵하는 공간에서 용기 있게 목소리를 내고, 불의 앞에서 한 걸음도 물러서지 않았다. 이처럼 제국주의에 저항한 정의로운 연대는 단순히 과거의 감동적인 일화를 넘어, 보편적 인간 정신의 표상으로 기억된다. 역사의 격랑 속에서 이들은 조선을 통해 세계를 바라보았고, 조선인의 고통을 통해 자신이 무엇을 위해 살아야 하는지를 스스로 선택했다. 그 선택은 오늘날에도 깊은 울림으로 이어지고 있다.

3부의 주요 사건

1907.
이륭양행 설립

1918. 11. 28.
크레인 상하이 방문
여운형과 만남

1919. 2. 8.
2·8독립선언
일본 유학 한국인 학생들

1919. 4. 11.
대한민국임시정부 수립 및 외무부 설치
상하이, 임시정부 공식 출범

1919. 5.
대한민국임시정부 안동 교통사무국 설치
만주 안동, 임시정부 연락 총책임기관

1925. 11.
조선공산당 1차 재판
조선공산당 간부 검거, 재판

1925. 4. 17.
조선공산당 결성
서울, 김재봉 등

1925. 4. 22.
치안유지법 공포
일본, 사회주의·민족운동 탄압 법령

1925.
나주 궁삼면 토지분쟁
전남 나주, 소작농·지주 간 대규모 분규

1932. 4. 29.
윤봉길 의거
상하이 훙커우공원

1937. 12. 13 ~ 1938. 1.
난징대학살
일본군, 중국 난징 민간인·포로 20만~30만 명 학살

1937.
황민화정책 본격화
창씨개명, 황국신민화 등 동화정책 시행

1939. 9. 1.
제2차 세계대전 발발
독일, 폴란드 침공

1919.11.10.
의열단 결성
만주 길림(지린),
김원봉 등

1921.
흑도회 결성

1922.
통의부 결성
만주,
자치정부 성격의
독립운동단체

흑우회 결성

1923. 4.
불령사 결성

1924.1.5.
이중교 투탄의거
(김지섭)
도쿄 궁성 폭탄
투척

1923. 9. 3.
박열·가네코 후미코
체포

1923. 9. 1.
관동대지진
(도쿄대지진)
일본 관동지방 대지진

1940. 9.
충칭
대한민국임시정부
임정, 충칭으로
공식 이전

1942. 10.
한중문화협회 결성
충칭,
한중교류·연대단체

1945. 3. 15.
한국구제총회 결성
한인 동포 및 난민
구호 단체

George Lewis Shaw · 1880~1943

출처: 국가보훈부 공훈전자사료관

"독립운동에 대한 공로로 문제의 인물이던 안동현(安東縣) 이륭양행(怡隆洋行) 주인 영국인『제 엘 쇼-』는 요새 상해 임시정부로부터 훈장을 받았다는데 그것은 조선 독립운동에 대한 공로가 있는 까닭인바 훈장은 그 모양이 일본의 욱일장(旭日章)과 비슷하다더라."
– 〈임시정부에서 훈장을 "쇼-"에게 주어〉, 《조선일보》(1921. 12. 6) 기사 중에서

11

체포와 구속에도 굴하지 않고
임시정부를 도운 사업가

　　1921년 1월 26일, 조지 루이스 쇼는 상하이에 도착했다. 그는 '한국 독립의 큰 동정을 품은' 죄로 체포되었다가 석방된 사람이었다. 쇼가 상하이에 도착하자 대한민국임시정부의 이승만 대통령과 안창호 등은 그를 위한 환영연을 베풀었다. 그뿐만 아니라 쇼는 대한민국임시정부가 준비한 금색공로장을 2개를 받았다.
　　쇼는 그중 작은 것을 가슴에 달고 '조선 독립은 가까워지고 있다'며 득의양양하기도 했다. 쇼는 조선인이 아니었다. 무역상이자 영국 국적의 외국인이었다. 쇼는 어떤 사람이었기에, 그리고 한국 독립운동을 위해 어떤 노력을 기울였기에 대한민국임시정부로부터 훈장을 받았던 것일까?

어머니와 아내는 일본인, 그럼에도 반일감정

1880년 1월 25일, 중국 푸젠성(福建省) 푸저우(福州)에서 한 소년이 태어났다. 그의 이름은 조지 루이스 쇼(George Lewis Shaw). 아일랜드계 영국인 아버지 사무엘 루이스 쇼(Samuel Lewis Shaw)와 일본인 어머니 사이에서 태어난 혼혈이었다.

아버지 사무엘은 중국, 마카오, 인도 등지를 오가며 무역업에 종사했고, 1868년부터는 푸저우의 작은 섬 파고다 아일랜드(Pagoda Island)에 정착했다. 그곳에서 무역 화물의 손해와 원인을 조사하는 해사검정인으로 일했다. 어머니의 이름은 엘렌 오시(Ellen Oh'sea)였다. 이름이 아일랜드식이었기 때문에 후손들조차 아일랜드인으로 착각했고, 일본정부는 그녀를 중국인으로 오해하기도 했다.

쇼와 한국의 인연은 1900년경으로 거슬러 올라간다. 당시 20대였던 쇼는 금광에서 일하기 위해 처음 한국 땅을 밟았다. 그가 일한 곳은 평안남도의 은산금광으로 추정되는데, 당시 이 광산은 영국이 한국정부로부터 유일하게 특허권을 부여받은 광산이었다. 그러나 1906년, 은산금광에서 주된 광맥이 고갈되면서 작업은 중단되고 말았다. 이후 1907년, 쇼는 중국 안동현(安東縣, 현 단둥)으로 이주하여 영국 조계지역에 무역회사 및 선박 대리점인 '이륭

출처: 독립기념관 〈한국독립운동인명사전〉
조지 루이스 쇼.

양행'(怡隆洋行)을 설립하고 새로운 삶을 시작했다.

쇼는 1912년 일본인 사이토 후미(斎藤ふみ)와 결혼했다. 어머니와 아내 모두 일본인이었지만, 그는 일본에 대해 반감을 품고 있었다. 운송업과 무역업을 기반으로 사업을 크게 확장한 쇼는 상당한 부를 축적하는 데 성공했다. 그러나 그의 성장에 위기의식과 불만을 느낀 일본인 상인들은 쇼를 견제하고 축출하려 했다.

쇼는 이들의 움직임을 두고만 보지 않았다. 그는 영국의 극동 정책에 막강한 영향력을 끼친 상하이상공회의

소 회원으로 활동했는데, 이 단체 회원들 역시 반일 감정이 강했다. 일제가 중국에 주재하는 영국 상인들의 경제적 이익 추구를 직간접적으로 방해하거나, 막대한 피해를 주었기 때문이다. 쇼는 누구보다도 강한 반일 사상을 갖고 있어서 일본인과의 사업 거래를 거부했다. 또한 그는 1914년 상하이에서 일본 상품 배척 운동이 일어났을 때, 가장 앞장선 인물이기도 했다.

쇼가 한국 독립운동에 관심을 기울인 이유는 단순한 경제적 이해 때문만은 아니었다. 일본에 대해 반감을 품고 있던 그는 자연스럽게 한국 독립운동가들과 접촉했을 것이며, 그들과 교류하면서 자신 역시 영국의 식민지였던 아일랜드 출신이라는 점을 의식했을지도 모른다. 망국민을 향한 동정과 연대는, 쇼에게 어쩌면 지극히 자연스러운 감정이었을 것이다.

심지어 옥고를 치르고 석방된 1922년 무렵, 그는 이륭양행의 사무원이던 김문규에게 이렇게 말했다. "아일랜드는 영국으

로부터 독립했고, 인도의 독립 역시 머지않았다. 다음은 조선이다. 일본으로부터 독립하는 것은 의심의 여지가 없다. 그대들이 만족할 날도 멀지 않을 것이다." 쇼는 독립을 꿈꾸는 조선인들의 희망에 진심 어린 연대와 확신을 보내고 있었다.

자신의 사업장을 내어 준 사업가

1910년대 말, 세계는 격변의 시대를 지나고 있었다. 제1차 세계대전이 종식되고, 미국 대통령 윌슨이 민족자결주의를 천명하자 각국 식민지에서는 독립을 향한 움직임이 더욱 거세졌다. 조선도 마찬가지였다. 1919년에 일어난 3·1운동은 전국을 휩쓸었고, 이를 계기로 상하이에는 대한민국임시정부가 수립되었다.

그러나 열강들의 이해가 얽힌 국제질서 속에서, 대한민국임시정부를 유지하는 것은 쉬운 일이 아니었다. 조직과 자금, 연락망이 모두 열악했고, 일본제국은 이를 무자비하게 탄압했다. 이때 숨은 조력자로 등장한 이가 바로 조지 루이스 쇼였다.

그의 회사 이륭양행은 평범한 무역회사였지만, 실상은 대한민국임시정부의 연락 거점이자 독립운동 자금과

출처: 국사편찬위원회 한국사데이터베이스
1919년 상하이 대한민국임시정부 청사.

무기, 출판물을 숨기고 옮기는 비밀기지였다. 이륭양행은 지리적 위치부터가 전략적이었다. 압록강을 사이에 두고 조선과 접하고 있었으며, 영국 조계에 위치한 덕분에 일본경찰이 함부로 침입할 수 없었다.

쇼는 이 공간을 임시정부에 제공하는 데 주저하지 않았다. 그는 단순히 건물만 빌려준 것이 아니라, 자신의 선박과 인력을 활용해 독립운동 물자 수송을 지원했다. 1919년부터 1920년 사이, 이륭양행 2층은 임시정부의 '안동교통사무국'으로 이용되었다. 안동교통사무국의 임무는 임시정부와 국내를 연결하는 연락망을 구축하는 것이 있었고, 그중에서도 안동은 조선과 가장 가까운 육상 루트였다.

쇼는 이 안동교통사무국에 사무공간을 내주었을 뿐 아니라, 필요할 때마다 선박을 이용해 비밀리에 사람과 물자를 이동시켰다. 예를 들어 1919년, 김가진(金嘉鎭)이 국내에서 상하이 임시정부로 이동할 때, 쇼는 자신의 선박을 이용해 비밀리에 그를 도왔다. 당시는 3·1운동 직후로, 독립운동 지도자들의 해외 탈출이 엄격히 금지된 시기였다. 쇼는 조계지의 외국인이라는 지위를 활용해 일본 당국의 눈을 피해 김가진의 이동을 도왔던 것이다. 이는 단순한 친절을 넘어, 명백한 정치적 연대의 행위였다.

또한 임시정부는 이륭양행을 이용해 국내외 독립운동가들과 통신을 유지했고, 조선 내에 필요한 문서나 명령을 전달하기도 했다. 때로는 무기를 들여오는 위험한 임무에 이륭양행의 선박이 활용되기도 했다.

쇼의 활동은 점점 일본제국의 신경을 거슬렀다. 일제는 쇼의 이륭양행을 주시했다. 이륭양행을 대한민국임시정부와 국내, 그리고 만주지역을 연결하는 통로이자, 독립운동 단체들의 '요새' 또는 '국내 전진기지'라고 보았다.

특히 1920년, 임시정부의 활동이 활발해지고 국내외에서 독립운동 열기가 고조되자, 일본은 이륭양행을 통한 연락망이 자신들의 식민지 통치에 위협이 된다고 판단했다. 그러나 이륭양행이 국제법의 보호를 받는 영국 조계지 내에 위치해 있어 쉽게 침범할 수 없었기 때문에 이러지도 저러지도 못하는 상황이었다.

고초 겪고도 끊어지지 않은 연결망

결국 1920년 7월 11일, 쇼는 신의주에서 체포되었다. 아내를 마중하기 위해 신의주로 향하던 길이었다. 겉으로는 '여권 미소지'를 문제 삼았지만, 실제 이유는 독립운동 지원에 있었다. 일본경찰은 이미 사전에 치밀한 계획을 세우고 있었다. 쇼의 동선과 거주지를 장기간 사찰했고, 신의주에 입국하는 순간을 포착해 그를 붙잡았다.

체포된 쇼는 신의주 경찰서로 끌려갔다. 거기서 그는 내란죄 혐의로 기소되었다. "이륭양행 내에 안동교통사무국을 설치하도록 장소를 제공하고, 자신의 기선을 제공해서 직간접적으로 독립운동을 지원하여 내란 행위를 방조했다"는 것이다. 내란죄는 국가의 전복을 꾀한 자에

출처: 독립기념관 〈한국독립운동인명사전〉

조지 루이스 쇼의 가족.

게 적용되는 중죄였다.

쇼의 구속은 단순한 한 명의 외국인 체포가 아니었다. 영국 국적자인 쇼를 체포한 것은 곧 영국과의 외교 마찰을 각오한 일대 사건이었다. 쇼의 체포 소식이 영국 정부와 국회, 언론에 알려지자 쇼의 무조건적 석방 요구가 빗발쳤다.

영국은 쇼의 체포에 대해 극동지역에 거주하는 영국인의 지위와 위신을 흔드는 문제로 여기고 적극적으로 항의했다. 중국에 거주하는 유럽인들도 반발했으며, 영국 《런던 타임즈》(London Times) 같은 신문에도 보도되었다. 일본정부는 영국과 협상하여 쇼를 보석 석방했다.

쇼의 체포 이후, 그의 회사 이륭양행은 철저한 감시 대상이 되었고, 주변에서 활동하던 독립운동가들도 일본 경찰의 탄압을 피해 몸을 숨겼다. 그러나 쇼가 설립한 이륭양행의 기반은 여전히 살아 있었고, 임시정부와의 연락은 완전히 끊어지지는 않았다.

1920년 11월, 쇼는 보석으로 석방되었다. 영국정부의 강력한 외교 압력과 국제 여론이 없었다면, 쇼는 일본 제국의 식민지 체제 안에서 결코 자유를 되찾지 못했을 것이다. 그러나 석방 이후, 쇼는 몸을 낮추거나 물러서지 않았다. 신의주를 떠나 압록강을 건너 안동으로 돌아온 그는, 예전처럼 다시 이륭양행으로 복귀했고 마치 아무 일도 없었던 듯 임시정부와 독립운동가들에 대한 지원을 이어갔다.

"20세기에도 무리한 법 집행을 감행하는 일본의 법률에 대해서는 정말 개탄스럽게 생각합니다. 저는 이번 한국인들의 여러 운동을 보며 깊은 감동을 받았습니다. 앞으로도 정의를 위해 계속 지원할 것을 다짐합니다."

이는 안동에 거주하던 유럽인들이 쇼의 석방을 축하하며 열어준 만찬 자리에서 남긴 쇼의 발언이다. 쇼는 체포와 감시, 심문, 국제적 갈등을 모두 겪었지만, 자신의 신념을 꺾지 않았다.

1921년 3월, 쇼는 김문규(金文奎)를 이륭양행의 번역계 직원으로 채용하며, 중단되었던 안동교통사무국의 재건을 꾀했다. 김문규는 본래 1912년부터 약 9년간 중국 해관에서 근무하던 인물이었으나, 해관을 그만둔 뒤 상하이로 갈 계획을 세우고 있었다.

쇼는 임시정부의 요청을 받아 그를 강력히 만류했고, 김문규는 이륭양행에 취직하게 되었다. 그는 겉으로 근신하는 듯한 모습을 유지했지만, 실제로는 김문규를 통해 독립운동의 연락망을 다시 구축하고자 했던 것이다. 김문규는 이륭양행 내에 남아 있는 독립운동의 연결고리를 복원하는 데 큰 역할을 했다.

김문규는 이후 약 1년 5개월간 안동교통사무국의 기능을 정상화하는 데 크게 기여했으며, 1922년 8월 일본 경찰에 체포되기 전까지 임시정부와 국내 독립운동 세력 간의 암호문 전달, 정보 교환, 자금 운반 등의 활동을 맡았다. 그는 겉으로는 무역회사 직원으로 일하면서도, 그 이면에서는 독립운동의 연결 통로로서 중요한 임무를 수행했던 것이다.

쇼는 김문규를 전적으로 신뢰했고, 그를 통해 자신이 물리적으로 직접 관여할 수 없는 독립운동의 세부 접점들을 이어갔다. 이륭양행은 외견상 무역회사로 운영되었지만, 그 안에서는 여전히 조선의 독립을 위한 연대가 숨쉬고 있었다.

감시·탄압에도 꺾이지 않는 의지

이륭양행은 1920년대 내내 일제의 감시 대상 '1순위'였다. 쇼가 한국 독립운동을 지원한다는 정황이 보고되어, 일제는 이를 차단하고 그를 안동에서 몰아내기 위해 다양한 방법을 동원했다. 압록강을 오가는 선박에 대해 불법적인 무단 검문을 실시했고, 이륭양행이 소유한 부두와 창고도 강제로 점검하려 시도했다.

1931년, 만주사변이 발발한 이후에는 그 탄압이 더욱더 노골적이 되었다. 쇼를 향한 일제의 압박은 단순한 감시 수준을 넘어 조직적인 축출 공작으로 확장되었다. 대표적인 수법은 쇼의 가족과 주변 인물들을 이용한 심리전이었다. 쇼의 아내인 사이토 후미와 친족들을 회유하거나 압박하여, 쇼가 스스로 독립운동 지원을 중단하게 만들려 했다. 또한 쇼의 사업 기반을 무너뜨리기 위해 대안기선공사(大安汽船公司)를 설립하여, 이륭양행의 부두와 창고를 실질적으로 점령하려 했다.

쇼는 이에 맞서 영국총영사관을 통해 일본의 탄압에 항의했으며, 선박 구입 확대, 가격 인하, 경품 제공 등 다양한 방식으로 정면 대응했다. 하지만 점점 더 거세지는 압박 속에서, 그는 결국 이륭양행의 일부 선박 이권을 대안기선공사 측에 양도할 수밖에 없었다.

일본의 압박은 더욱 거세져 1937년에는 쇼의 아들 사무엘이 배에 '불법적으로 탑승했다'는 이유로 선박에 억류하고, 쇼의 아내와 영국인 선장을 소환해 취조하기에 이르렀다. 1938년, 쇼는 결단을 내렸다. 계속되는 일제의 탄압과 만주지역의 불안정한 정세 속에서, 이륭양행 본사를 중국 푸저우로 이전하기로 한 것이다.

이 결정은 단순한 사업상의 선택이 아니었다. 안동지역은 이미 일본군의 철저한 통제하에 있었고, 조계지에 부여되었던 치외법권 역시 사실상 무력화된 상태였다. 안동에 있다가는 독립운동 지원은커녕 자신과 가족의 안전도 장담할 수 없는 상황이었다.

그에 비해 푸저우는 일본의 영향력이 미치지 않는 지역이었다. 쇼는 새로운 기반을 마련해 다시 한국의 독립을 위한 연대 활동을 이어가려 했다. 비록 이륭양행의 규모는 줄어들었고 영향력도 예전 같지 않았지만, 쇼는 끝까지 일본제국에 굴복하지 않았다. 그의 마음속에는 여전히, 자유를 향한 연대와 희망이 꺼지지 않고 있었다.

1943년 11월 13일, 조지 루이스 쇼는 푸저우에서 생을 마감했다. 그의 생애는 결코 화려하지 않았다. 그는 군인도 아니었고, 유명한 정치인도 아니었다. 하지만 자신의 자리에서, 자신의 방식으로 한국 독립운동을 지지했다. 체포와 구속, 외교 분쟁, 가족에 대한 압박, 사업상의 고난. 이 모든 것에도 불구하고 쇼는 자신이 선택한 길을 묵묵히 걸어갔다.

	그에게 한국의 독립운동은 먼 나라 이야기나 일시적인 감정의 문제가 아니었다. 쇼는 자신의 조국 아일랜드가 겪었던 식민지 지배의 아픔을 누구보다 잘 이해했고, 그 공감과 연대가 그를 끝까지 움직이게 했다. 그리고 조지 루이스 쇼는 한국의 독립을 위해 싸운 외국인 중 하나로 영원히 기억될 것이다.

🔍 사건파일

안동교통사무국
임시정부와 국내를 잇는 비밀 네트워크

1919년 상하이에 대한민국임시정부가 수립되었다. 독립운동의 중심을 자처한 임시정부는 수천 킬로미터 떨어진 조국과의 '연결'을 가장 먼저 고민해야 했다. 임시정부의 뜻을 실어 나르는 길이 필요했다.

이때 선택된 장소가 중국 안동(현 단둥)이었다. 압록강을 사이에 두고 조선과 마주하며, 무역과 교통의 거점이자 영국 조계로 지정되어 있어 일본경찰이 함부로 침입할 수 없는 전략적 공간이었다. 그리고 바로 그곳에 조지 루이스 쇼의 무역회사, 이륭양행이 있었다.

이륭양행 건물의 2층은 얼마 지나지 않아 임시정부의 교통망 중심지로 변모했다. 1919년 5월, 안동교통사무국이 설치되었고, 7월에는 정식 사무실이 들어섰다. 처음에는 '교통부 안동지부'로 불렸으나, 그해 10월 '임시안동교통사무국'으로 명칭이 바뀌었다.

하지만 '지부'라는 표현과 달리, 임시정부는 이곳을 거점 삼아 상하이, 조선, 만주, 연해주까지 연결되는 통신·연락망을 구축했고, 청년 조직인 대한독립청년단과 그 후신인 대한청년단연합회와 협력해 지역 내 인적 기반도 확보했다. 이를 통해 국내와 만주지역에 교통국이 추가로 설치되고 각지의 독립운동 단체와 통신 연락이 추진되었다.

이 체계의 정점에는 교통국장 선우혁(鮮于爀)이 있었다. 내부조직은 금전모집과, 통신과, 인물소개과 등으로 구성되어 있었고, 이후 홍성익(洪成益), 양준명(梁濬明), 장덕로(張德櫓) 등이 국장을 이어받으며 유지되었다.

안동교통사무국은 행정기구를 넘어 실질적 작전을 수행하는 현장이 되었다. 상하이에서 작성된 임시정부의 공문서, 공채, 선전물은 이곳을 거쳐 국내로 전달되었고, 독립군 자금의 모집과 분배도 이 공간을 통했다. 조선으로 향하거나 만주로 빠져야 했던 독립운동가들은 안동교통사무국과 이륭양행을 통해 은신과 이동의 길을 얻었다. 백범 김구가 상하이로 망명할 때 사용한 선박 역시 이륭양행의 것이다.

이 모든 활동은 임시정부가 조선과 해외를 연결하기 위해 만든 비밀 행정망, 연통제(聯通制)의 일환이었다. 하지만 안동교통사무국의 전성기는 그리 길지 않았다. 1922년, 주요 실무자였던 김문규가 체포되면서 조직은 점차 흔들리기 시작했다.

동시에 만주지역의 독립운동 세력이 분화되며 임시정부도 연통제를 축으로 한 조직 운영에서 새로운 형태로 변모하기 시작했다. 짧은 시간 동안 존재했던 안동교통사무국은 대한민국임시정부와 조선 국내를 실질적으로 연결했던 가장 강력한 조직이었다.

ふせ たつじ(布施 辰治)・1880~1953

"살아야 한다면 민중과 함께, 죽어야 한다면 민중을 위하여"
(生きべくんば民衆とともに　死すべくんば民衆のために)

— 후세 다쓰지의 묘비 문구

12

일본 법정에서 조선인과 함께
재판 투쟁을 펼친 변호사

 "살아야 한다면 민중과 함께, 죽어야 한다면 민중을 위하여" 이 문구는 일본인 최초로 대한민국 건국훈장을 받은 후세 다쓰지의 묘비에 새겨진 것이다. 이 문구가 보여주는 것처럼 후세 다쓰지는 일본 민중과 조선 민중을 위해 헌신한 인권 변호사였다. 후세 다쓰지는 일본제국주의의 법정에 세워졌던 조선인 독립운동가들을 변호하는 데 주저함이 없었다. 정치적·사회적으로 억압받던 조선인들은 이런 후세 다쓰지를 "잊을 수 없는 우리들의 변호사"로 부르며 애정을 표현했다. 그의 이러한 헌신적인 삶은 나치로부터 1,200여 명의 유대인을 구출한 쉰들러에 빗대어 '일본인 쉰들러'로 평하기도 한다. 투쟁하는 조선인들과 함께했던 후세 다쓰지는 어떤 삶을 살았을까?

사법관료, 범과 이리와 같은 직업

후세 다쓰지는 1880년 11월 13일, 미야기현(宮城縣) 오시카군(牧鹿郡) 헤비타무라(蛇田村)에서 작은 농가의 차남으로 태어났다. 어려서 한학(漢學) 교육을 받았던 후세 다쓰지는 제자백가(諸子百家) 중에서 전쟁에 반대하고 타인을 사랑하자고 말했던 묵자(墨子)의 겸애사상(兼愛思想)에 영향을 받았다.

또한 후세 다쓰지는 부친이 자유민권운동에 관심이 많았기 때문에 자연스럽게 기독교에도 깊은 관심을 가졌다. 이러한 성향을 가지고 있었던 후세 다쓰지는 18세인 1898년 도쿄로 가서 정교회(正敎會) 계통의 신학교에 입학했지만 3개월 만에 그만두었다. 당시 세속화된 신학교의 모습은 후세 다쓰지가 기대한 것과 달랐기 때문이다.

신학교를 중퇴한 후세 다쓰지는 이듬해인 1899년 메이지(明治)법률학교에 입학했다. 1902년 메이지법률학교를 졸업하고 판검사등용시험에 합격하여 사법관시보(司法官試補)가 되었지만, 1903년 8월 사임하고 변호사 활동을 시작했다. 그는 사법관시보를 사임하면서 그 이유를 한 신문에 발표했다.

사법관시보 생활을 하는 동안 '국가지상주의를 국시로 삼는 정부'와 '내가 항상 품고 있는 사회정책으로서의 겸애주의'가 상충된다고 느꼈으며, 그런 경험을 바탕으로 누군가를 잡아넣고 처벌하는 것만을 목적으로 하는 '범과 이리와 같은 직업'을 더 이상 유지하고 싶지 않다고 했다. 묵자와 기독교 사상에 친밀감을 느끼고 있던 후세 다쓰지에게 사법관료의 길은 폭력의 길로 보였던 것 같다.

또한 후세 다쓰지는 러일전쟁 와중인 1904년에 톨스토이의 비전론(非戰論)에 강한 영향을 받았다. 당시 일본에 소개된 톨스토이는 폭력을 절대적으로 부정하며 전쟁에 절대로 협력하지 말라는 주장을 했다. 후세 다쓰지는 이러한 톨스토이의 평화 및 박애사상을 적극적으로 받아들였다. 1906년부터 수많은 사형수 변호를 맡기 시작한 것도 이러한 사상의 영향이 있었을 것이다. 후세 다쓰지가 보기에 살아 있는 생명을 빼앗는 사형제도는 제도화된 폭력의 정점 중에 하나였을 것이다.

겸애와 평화사상을 중심으로 변호사로 활발하게 활동하던 후지 다쓰지는 1920년 5월 15일에 〈자기 혁명의 고백〉이라는 제목의 글을 공개적으로 발표했다. 이 글에서 후세 다쓰지는 이제까지의 자신의 삶을 돌아보며 앞으로는 "자유신념의 이상에 부합하지 않는 현실의 개조에 충실하고자 하는 이상가"이자 "진리를 배신하는 자와의 싸움을 거절하지 않는 진리의 구도자"로 살겠다고 선언했다. 수동적인 삶의 태도를 버리고 적극적으로 현실의 문제에 개입하겠다는 이 고백은 인권 변호사 후세 다쓰지의 출발점이었다.

2·8독립선언 계기로 조선인 사건 본격 개입

이러한 후세 다쓰지의 자기 고백은 사건을 맡을 때에도 적용되었다. 그는 이제 사회적 의의가 있는 사건에 한정해서 사건을 수임했다. 즉 관헌의 횡포 등으로 억울한 피해자를 만든 사건, 부호의 포학(暴虐) 때문에 고통받는 약자의 사건, 진리의 주장에 간섭하는 언론범죄 사건, 무산계급의 사회운동을 억압하는 소요 및 치안 관련 사건 등이 그의 주된 관심사가 되었다. 이외에도 무료법률상담을 하는 등 후세 다쓰지는 사회와 민중을 위한 인권 변호사로 거듭났다.

후세 다쓰지와 조선의 접점은 꽤 일찍부터 시작되었다. 그는 메이지법률학교에 재학할 당시에 같은 학교의 조선인 유학생들과 교류했으며, 그리고 1911년 '조선독립운동에 경의를 표함'이라는 글을 써서 필화사건에 휘말렸다고 한다. 다만 이 필화사건과 관련해서는 후세 다쓰지의 말 이외에 남아 있는 글은 없다.

후세 다쓰지가 본격적으로 조선인 독립운동가와 접

출처: 국가보훈부 공훈전자사료관
다쓰지의 변호사 시절 모습.

하게 된 것은 1919년 2월의 '2·8독립선언' 사건이 계기가 되었다. '2·8독립선언'은 일본 도쿄의 조선인 유학생 단체인 조선인유학생학우회 학생을 중심으로 〈독립선언서〉를 작성, 낭독하고 이를 일본정부 및 각국 공사에 배포한 사건이었다. 이때 일본경찰에 체포된 학생들 가운데 독립선언서 작성을 주도한 간부 10명이 출판법 위반 명목으로 도쿄지방재판소 검사국으로 송치되었다. 최종적으로 최팔용(崔八鏞), 백관수(白寬洙) 등 9명에 대해서 재판이 진행되었다.

　후세 다쓰지는 '2·8독립선언'에 대한 출판법 위반 사건의 제2심 재판에 변호인으로 참여했다. 그는 법정에서 조선인 유학생들이 자기 나라의 독립을 외치는 것은 당연

함으로 국제적으로 민족자결의 분위기가 팽배한 상황에서 조선인 유학생들의 주장이 정당하니 죄를 줄 수 없다고 변론했다. 재판은 유죄로 확정되었지만 조선독립에 대한 후세 다쓰지의 입장이 명확히 드러난 변론이었다. 후세 다쓰지는 이때부터 조선인 관련 사건에 적극적으로 참여하기 시작했으며, 그에 대한 조선인들의 신뢰도 점차 쌓여갔다.

조선 각지 순회하며 강연 펼쳐

후세 다쓰지가 조선을 처음 방문한 것은 1923년 7월 말이었다. 일본의 조선인 유학생 단체 가운데 하나인 북성회(北星會)가 여름방학을 맞아 조선 각지를 돌아다니는 순회강연회를 추진했다. 후세 다쓰지는 동아일보사의 후원으로 진행된 북성회의 여름순회강연회에 연사로 초대되었다.

후세 다쓰지가 강연단과 함께 서울에 도착했을 때 11개 사회단체 60여 명의 환영인파가 이들을 맞이했다. 특히 후세 다쓰지에 대한 여론의 관심이 매우 높았다. 《동아일보》는 강연하는 후세 다쓰지의 사진을 게재하고, 그의 연설에 대해 "극히 작은 부분이지만은 조선인적 감정으로 조선을 바라보고 있다는 것을 발견할 수 있었다"고 평했다. 비록 일본인이지만 조선의 현실을 이해하려는 후세 다쓰지의 태도를 긍정적으로 평가한 것이다.

후세 다쓰지는 북성회 여름순회강연단과 조선 각지를 다니면 열성적으로 연설을 했다. 이때 그는 여름순회강연단만이 아니라 당시 재판이 진행 중이던 '의열단 사건'에도 변호사로 참여했다. 이 '의열단 사건'은 1923년 초 조선총독부 등 일제 관공서와 조선총독 등 요인 암살을 위해 의열단원 김시현(金始顯)이 폭탄을 국내로 반입하다가 발각된 사건이었다.

그는 이 사건을 변호하기 위해 조선에 온 것이 아니었고 이인 변호사의 제안으로 참여한 사건이어서 주도적으로 변호를 했던 것은 아니다. 그렇지만 조선인 독립운동가의 재판에 흔쾌히 참여한 것에서 볼 수 있는 것처럼 후세 다쓰지는 조선인 독립운동가를 지원하는 데 적극적이었다.

이중교 폭탄사건과 '대역사건' 변호

후세 다쓰지가 조선 첫 방문을 마치고 일본으로 돌아간 직후인 1923년 9월 관동대지진(關東大地震)이 발생했다. 대규모 지진으로 일본 도쿄지역이 파괴되자 이에 대한 반발로 조선인을 비롯한 외국인에 대한 학살사건이 발생했다. 지진이라는 천재(天災)가 조선인 학살이라는 인재(人災)로 이어진 상황에 대해 후세 다쓰지가 분개했음은 당연했다.

후세 다쓰지는 일본인에 의해 자행된 이러한 학살사건을 조사하고 고발하기 위해 노력했지만 일본 당국의 방해로 조사활동에 어려움을 겪은 것은 물론이고 조사결과도 발표할 수 없었다. 후세 다쓰지는 같은 해 12월 도쿄의 조선인 유학생들이 주최한 '피살동포추모회'에 참석하여, "너무나도 가혹한 비극이었습니다. 특히, 그중에는 조선에서 온 동포의 마지막을 생각할 때, 저는 애도할 말이 없습니다. 또, 어떤 말로 추도하더라도 조선 동포 6천의 영령은 만족하지 않을 것입니다. 그들을 슬퍼하는 천만 개의 추도의 말을 늘어놓더라도 무념에 가득 찬 그 사람들의 마지막을 추도할 수 없을 것입니다"라고 조선인 학살에 대한 분노와 비통함을 표출했다.

후세 다쓰지의 이러한 감정은 박열(朴烈)과 가네코 후미코(金子文子)의 '대역사건'(大逆事件) 재판으로 이어졌다. 일본 정부는 관동대지진 발생 다음날에 박열, 가네코 후미코를 체포했고, 이들이 천황 암살을 모의하고 일본 국체(國體)를 부정했다고 공개했다. 관동대지진으로 인한 사회혼란과 불만을 무마하기 위한 시도였지만, 이 사건은 '혐의'만 있고 '물증'이 없는 조작된 사건이었다.

이미 각본이 짜여진 사건을 변호하는 것은 쉬운 일이 아니었지만, 후세 다쓰지는 박열과 가네코 후미코가 원하는 방향으로 재판 투쟁을 전개할 수 있도록 적극 지원했다. 후세 다쓰지는 죽음의 위협 속에서도 꿋꿋한 태도를 유지한 두 사람에게 크게 감명을 받았다. 재판과정에서 가네코 후미코가 의문의 옥사(獄死)를 당하고 형무소 근처에 가매장되자, 가네코 후미코의 유해를 수습하여 조선으로 보낼 수 있도록 앞장선 것도 후세 다쓰지였다.

유해를 수습하는 모습은 이준익 감독의 영화 〈박열〉에서도 중요한 장면으로 등장한다. 이런 경험으로 인해 후세 다쓰지는 해방 이후 《운명의 승리자 박열》이라는 책을 발간하여 '대역사건'의 진상을 대중에 알리기 위해 노력했다.

이외에도 1924년에는 '이중교 투탄의거'(二重橋投彈義擧)를 거행한 김지섭(金祉燮)의 변론을 맡기도 했다. 의열단원인 김지섭은 1924년 제국의회가 개최될 때 폭탄을 투척할 목적으로 상하이에서 일본으로 폭탄 3개를 가지고 잠입했다. 일제의 만행과 관동대지진으로 학살된 동포들의 원혼을 달래고자 조선 총독이 참여하는 제국의회를 목표로 한 것이었다. 그러나 제국의회가 휴회하면서 그 목표

출처: 독립기념관
〈한국독립운동인명사전〉
폭탄을 투척한 김지섭.

를 의회가 아니라 천황이 있는 '도쿄황궁'으로 변경했다.

김지섭은 황궁과 가장 가까운 다리인 이중교(二重橋)에서 폭탄을 투척했으나 상하이에서 가져온 폭탄은 습기로 인하여 성능을 다하지 못했다. 그렇지만 천황의 거처 코앞에서 폭탄 투척이 발생했다는 사실은 일본정부의 간담을 서늘하게 하기에 충분했다. 이중교에서 붙들린 김지섭은 8개월의 예심을 거쳐 1924년 9월 9일 1차 공판, 10월 11일 2차 공판, 10월 16일 3차 공판이 진행되었고, 이때 김지섭의 변호를 후세 다쓰지가 맡았다.

김지섭은 공판 과정에서 일본의 학정을 비판하면서 한국인은 독립을 위해 최후까지 맞서 싸울 것이라고 열변을 토하며 사형 아니면 무죄를 주장했다. 후세 다쓰지와

출처: 《조선신문》(1926.3.9.)
나주 궁삼면 소작쟁위 관련 조사를 위해 조선을 방문한 후세 다쓰지.

변호인단은 일제의 학정을 주장하며 폭탄의 불발된 상황 등을 증거로 무죄를 주장했다. 김지섭은 11월 6일 무기징역을 받았고, 복역 중이던 1928년 2월 20일 옥사했다.

절차적 공정성 드러내 재판부 압박

식민지 조선에서 민중의 편에 선 변호사 후세 다쓰지의 명성은 높았다. 동양척식주식회사가 전남 나주군 궁산면에서 토지 회수를 진행하려고 하자 이에 반발한 농민들이 이 문제에 대한 조사를 위해 후세 다쓰지를 초청했다.

출처: 《시대일보》(1926. 3. 6.)

대구 강연을 앞두고 일본인의 한 사람으로서 사죄하고 싶다는 소감을 밝힌 후세 다쓰지.

    후세 다쓰지는 1926년 3월 2일부터 11일까지 나주에 머물며 식민지 조선의 농촌문제를 직접 조사하면서, 지주에 의한 과도한 착취라는 식민지 농촌의 실상을 확인했다.

    그는 1927년에 조선공산당 사건의 변호를 위해 세 번째로 조선을 방문했다. 일정 문제로 길게 체류하지는 않았지만, 후세 다쓰지의 합류로 조선공산당 사건에 대한 변호인단의 소송전략은 질적인 비약을 경험했다. 단순히 사건에 대한 변론에 그치는 것이 아니라 재판절차의 문제점을 지적하면서 재판의 공정성 자체를 문제 삼았다.

그는 구속된 피의자들을 면회하고 이들이 혹독한 고문에 시달린 사실을 확인했다. 변호인단은 즉시 종로경찰서의 고문경찰관을 고소했고, 재판부 기피 신청을 하는 등 이전에는 보기 어려운 공세적인 재판 투쟁을 통해 재판부를 압박했다. 이러한 대응 전략의 변화에 후세 다쓰지의 역할이 크게 작용했다.

식민지 조선인을 위한 변론에 적극적으로 나섰던 후세 다쓰지는 1932년 법정을 모독했다는 이유로 징계재판에 회부되어 변호사 자격을 박탈당했다. 1933년에는 신문지법 및 우편법 위반으로 기소되어 금고 3개월의 실형에 처해져 수감생활을 했다. 출옥 이후에는 일본노농변호사단 사건으로 다른 변호사들과 함께 체포되었는데, 끝까지 법정 투쟁을 벌였다.

하지만 1939년 상고심에서 징역 2년의 실형을 받아 변호사 등록이 말소되었다. 일본 당국이 끈질기게 탄압을 가해 마침내 민중의 대변자 후세 다쓰지의 입을 막아버린 것이다. 1944년 후세 다쓰지의 셋째 아들인 모리오(杜生)가 치안유지법 위반으로 검거되어 교토형무소에서 복역하다가 옥사하는 비극적인 사건도 있었다.

그렇지만 일본 패전 이후 후세 다쓰지는 다시 민중들의 앞에 등장하여 재일조선인의 권리를 획득하기 위해 투쟁에 동참했다. 이처럼 그는 재일조선인 관련 재판의 변

후세 다쓰지의 장례식 장면.

호사로 계속 활동하다가 1953년 만 72세로 타계했다.

대한민국정부는 조선인 독립운동가의 벗이자 동료로 일본제국주의와 맞서 싸운 후지 다쓰지의 공적을 인정하여 2004년 그에게 건국훈장 애족장을 추서했다. 일본인을 독립유공자로 포상한다는 것은 쉬운 일이 아니었다. 2001년부터 서훈 논의가 있었지만 신중론 등이 제기되면서 2004년이 되어서야 서훈이 확정되었다. 후세 다쓰지 이후 2018년에 후세 다쓰지가 변호했던 가네코 후미코가 일본인으로 두 번째로 서훈되었다.

🔷 사건파일

2·8독립선언

일본인 변호사들도 나서게 한 유학생들의 결의

2·8독립선언이란 1919년 2월 8일 일본 도쿄에서 일본에 유학하고 있던 학생들이 〈독립선언서〉를 발표하고 낭독한 사건이다. 1919년 1월 일본 유학생 단체인 조선유학생학우회는 전후 처리 문제를 논의하는 파리강화회의와 해외동포들의 독립운동 소식에 자극을 받아 독자적인 독립운동을 기획하고자 했다.

1월 6일 조선유학생학우회 주최로 열린 웅변대회는 일본 유학생들 사이에 독립운동에 관한 공감대를 확인한 자리였다. 이 자리에서 독립에 대한 한국인들의 의지를 내각 및 각국 공사에게 청원하기로 하고, 구체적인 방안을 논의하기 위해 10명의 임시의원을 선정했다.

임시위원은 와세다대학의 최팔용과 송계백, 게이오기주쿠대학의 김도연, 세이소쿠영어학교의 백관수, 도요대학의 이종근, 아오야마카쿠인대학의 전영택과 윤창석, 그리고 전 고등사범학교 학생 서춘, 고교생 최근우, 무직의 김상덕이었다. 이들은 〈독립선언서〉를 작성하고, 이를 일본정부 및 각국 공사 등에게 발송하기로 확정했다.

1월 7일 상하이 신한청년당 소속의 이광수와 김철수가 임시의원에 추가되었고, 선언서 책임을 백관수가 맡았다. 백관수는 이광수에게 〈독립선언서〉 초안 작성을 요청했다. 이광수의 초안을 백관수 등이 검토하여 최종 확정했다. 이 글은 목적에 따라 〈민족대회소집청원서〉라는 제목의 일본어본, 〈독립선언서〉와 〈결의문〉이라는 제목의 한국어본, 일본어본, 영어본이 작성되었다. 〈청원서〉만 최팔용이 1,000여 장을 인쇄소에 맡겼고, 나머지 문서는 유학생들이 직접 등사 및 타이핑 작업을 했다.

일본의 조선인 유학생들은 〈독립선언서〉, 〈결의문〉, 〈민족대회소집청원서〉를 각국 대사관과 공사관, 일본정부 및 언론사에 발송을 했다. 이와 함께 1919년 2월 8일 도쿄에 있는 조선기독교청년회관에서 '조선독립청년단' 명의로 〈독립선언서〉를 발표했다. 일본경찰은 모임을 강제로 해산시켰으며, 27명을 체포했다.

경찰은 검속된 학생들의 학교에 퇴학 처분을 내려줄 것을 요청했다. 체포된 임시위원 10명은 출판법 위반으로 검사국에 넘겨졌고, 그중에서 최근우는 선언서 작성 당시 일본에 없었던 사실이 인정되어 석방되었다. 나머지 9명은 재판을 통해 실형을 받았다. 이때 유학생들의 변호를 후세 다쓰지, 하나이 다쿠조(花井卓藏) 등의 일본인 변호사들이 담당했다.

한편 송계백은 1월 말에 〈독립선언서〉를 휴대하고 서울에 들어가 최린, 현상윤 등과 만나 일본인 유학생들의 독립운동 계획을 알렸다. 이는 서울의 민족대표자들을 자극했고 3·1운동으로 이어졌다. 또한 이광수도 작성된 〈독립선언서〉의 영문본을 가지고 1월 31일 상하이로 돌아갔다.

이 영문판 〈독립선언서〉는 파리강화회의에 참석한 미국 대통령 윌슨, 프랑스 수상 클레망소(Georges Clemenceau), 영국 수상 로이드 조지(David Lloyd George) 등에게 전문으로 보내졌다. 비록 파리강화회의에서 한국 독립에 대한 어떠한 논의도 하지 않았지만, 한국인의 독립에 대한 의지를 보여줬다는 점에서 의미가 있다고 할 수 있다.

1953년 9월 24일, 일본 도쿄의 히비야 공회당에서 열린 장례식. 후세 다쓰지의 영정 옆에는 "삶은 민중과 함께, 죽음은 민중을 위하여"라는 메시지가 자리하고 있었다. 이는 생전 그의 신념과 실천을 상징적으로 보여준다.

かねこふみこ・박문자 朴文子・1903~1926

출처: 국가보훈부 공훈전자사료관

"어떤 조선인의 사상에서 일본에 대한 반역적인 기분은 없앨 수는 없을 겁니다. 저는 1919년 조선에서 독립 소요의 광경을 목격하고, 저조차 권력에 대한 반역의 기분이 생기고, 조선 분들이 하시는 독립운동을 생각할 때 타인의 일이라고 생각할 수 없을 정도의 감격이 가슴에 치솟았습니다."

— 〈제4회 심문조서〉(1924. 1. 23.) 중에서

13

식민과 인간 억압에 모두 맞선
아나키스트

　　가네코 후미코가 조선인의 독립운동에 공감하고 연대할 수 있었던 저변에는 어린 시절 식민지 조선에서의 경험이 있었다. 가네코 후미코는 1919년 3·1운동을 일본인으로서 목격하면서 조선인들의 독립운동에 공감하는 동시에 일본제국주의의 부당함을 깨달았다.

　　일본으로 돌아간 가네코 후미코가 배움을 갈구하고 사회운동에 헌신한 것은 이때의 경험을 깊이 새긴 결과였다. 1903년 1월 25일, 일본 가나가와현 요코하마시에서 혼외자로 태어난 가네코 후미코는 호적에 이름을 올리지 못해 학교에도 다니기 어려운 형편이었다. 그녀는 어떤 과정을 통해 아나키스트로 성장했으며 어떻게 조선의 독립을 위해 활동하게 되었을까?

'불령선인'들과 함께

　가네코 후미코는 1912년 고모댁의 양녀로 식민지 조선에 건너와서 충청북도 청주군 부용면 부강리에서 살았다. 그렇지만 가정학대 속에 방치된 채 식모만도 못한 대우를 받으며 생활했다. 1919년 3월, 부강지역의 만세시위를 보며 공감을 느꼈던 가네코 후미코는 7년 동안의 조선 생활을 접고 4월에 귀국을 하게 된다. 일본으로 돌아가는 가네코 후미코는 3·1운동의 모습을 마음에 담고 새로운 삶을 꿈꿨다.

　가네코 후미코는 1920년부터 도쿄에 정착했다. 도쿄에서 낮에는 일하고 밤에는 공부하는 고학생으로 지내며, 소학교에서 단절된 학업을 이어가고자 노력했다. 신문판매소에서 일하던 그는 사회주의자나 아나키스트와 교류하기 시작했고, 아나키스트 단체인 '노동사'(勞動社)에 가입했다.

　1921년에는 원종린(元鍾麟), 정우영(鄭又影), 김약수(金若水) 등 조선인 유학생들과 교류했고, 정우영의 소개로 박열(朴烈)을 만났다. 박열은 1902년 3월 12일, 경상북도 문경에서 태어나 경성고등보통학교 재학 중에 1919년 3·1운동에 참가했다. 3·1운동의 경험을 통해 박열은 일본정부가 세운 학교에서 공부하는 것을 부끄럽게 느꼈고, 새로운 삶을 찾아 일본 도쿄로 건너갔다. 박열은 1921년 11월 조직된 '흑도회'(黑濤會)에서 활동했다.

1922년 5월, 박열을 만난 가네코 후미코는 동거를 하기에 이른다. 이때 가네코 후미코는 박열에게 세 가지 조건을 걸었다. 첫째, 동지로서 동거할 것, 둘째, 운동의 방면에서는 여성이라는 관념을 없앨 것, 셋째, 한쪽이 사상적으로 타락하여 권력에 협력하는 경우 바로 함께 사는 것을 그만둘 것이었다. 동거를 위한 조건에서 볼 수 있는 것처럼 가네코 후미코는 한 명의 독립적 활동가로 동일한 사상에 근거하여 박열과 동거한다는 점을 분명히 했다. 가네코 후미코는 흑도회에 참여하여 박열과 함께 기관지 《흑도》(黑濤) 발행에 주도적으로 참여했다.

흑도회가 1922년 10월 아나키즘과 볼셰비즘 논쟁으로 해산하자, 같은 해 12월 가네코 후미코와 박열, 그리고 재일조선인 아나키스트들이 모여서 '흑우회'(黑友會)를 조직했다. 흑우회의 기관지는 원래 《불령선인》(不逞鮮人, 후테이센진)이라는 제목이었지만 경시청의 허가를 받지 못해서, 일본어 발음이 비슷한 《대담한 조선인》(太い鮮人, 후토이센진)으로 발행됐다.

불령선인은 일본제국주의에 고분고분하지 않는 조선인을 지칭하는 멸칭으로, 문자적 의미로는 불평불만이 많은 불량한 조선인이라는 뜻이다. 1923년 4월에는 아나키즘을 대중화시키기 위해 '불령사'(不逞社)를 설립하여 활동했다. 불령사 사무실에는 '타도 일본'이란 표어를 걸어둘 정도로 항일의식이 더 강해졌다.

관동대지진과 조작된 '대역 사건'

1923년 9월 1일, 일본 도쿄 일대에서 관동대지진(關東大地震)이 발생했다. 도쿄 일대에 광범위한 피해가 누적되는 가운데 조선인이 폭동을 일으켜 일본인을 살해한다는 식의 유언비어가 확산되었다. 일본인들은 스스로를 보호한다는 구실로 자경단(自警團)을 조직하고, 조선인을 찾아내 학살을 자행했다. 9월 2일, 일본정부는 도쿄와 그 인근 지역에 계엄령을 선포했지만 자국민들의 불만이 정부로 향하지 않도록 이러한 혼란과 폭력을 방조했다. 동시에 이러한 혼란의 책임을 전가할 대상을 필요로 했다.

1923년 10월 20일, 도쿄지방재판소 검사국은 가네코 후미코와 박열을 포함한 불령사 회원 16명을 치안경찰법 위반 혐의로 기소했다. 불령사를 기소한 10월 20일은 조선인 학살과 관련한 신문기사에 대해 해금(解禁)이 시행된 날이다. 조선인 학살 사건이 대중에게 공개되는 날에 맞춰 조선인 학살을 정당화할 수 있는 '불온한' 비밀결사 사

출처: 위키백과
1926년경 촬영된 가네코 후미코.

건으로 불령사를 기소한 것이다. 가네코 후미코와 박열은 9월 3일 밤에 보호 검속이라는 명목으로 체포되어 경찰서에 유치된 상태였다.

일본 당국은 '불온한' 조선인을 체포하는 것을 넘어서서 불령사를 중심으로 '대역사건'으로 확대시켰다. 조사 과정에서 가네코 후미코와 박열이 상하이에서 폭탄을 입수하려는 계획이 확인되었기 때문이다. 이를 빌미로 경시청은 불령사를 일본제국주의에 항거하여 황태자를 비롯한 고관대작에게 폭탄 투척을 계획한 비밀조직으로 조작했다.

치안유지법으로 기소되었던 불령사 회원은 '증거'가 없었기 때문에 기소 만료되어 석방되었지만, 1924년 2월 15일 가네코 후미코, 박열, 김중한(金重漢)은 일본 황실에 위해를 하거나, 하려고 한 대역죄와 함께 폭탄물단속법 위반으로 재차 기소됐다. 박열은 '의열단'(義烈團)과 연계하여 폭탄을 입수하려 시도했지만, 폭탄을 입수하지 못해서 '실행' 단계로 넘어가지 못한 상태였다.

일본제국주의에 맞서 재판투쟁을 벌이다

가네코 후미코는 조사과정에서 충분한 근거가 없는 대역사건 혐의를 부정하지 않았다. 오히려 재판을 통해 일본제국주의와 천황제의 부당함을 공격하는 기회로 활용하고자 했다. 다양한 회유 시도에도 불구하고 가네코 후미코는 결코 전향하지 않았으며, 식민지민인 조선인의 입장에서 천황 암살 시도가 정당하다는 입장을 재판과정에서 일관되게 유지했다.

감옥에 있는 동안 두 가지 특기할 만한 일이 있었다. 하나는 가네코 후미코가 감옥에 있으면서 자서전을 집필한 것이다. 이 글은 가네코 후미코 사후인 1931년 《무엇이 나를 이렇게 만들었는가》(何が私をかうさせたか)라는 제목으

출처: 《매일신보》(1926. 3. 2.)
첫 공판에서 사모관대를 한 박열과 한복을 입은 가네코 후미코의 모습.

로 일본에서 출판되어 사람들이 그녀의 생애와 생각을 알 수 있게 했다. 다른 하나는 가네코 후미코가 감옥에서 박열과 법적으로 결혼했다. 변호사인 후세 다쓰지를 통해 1925년 말에 혼인신청서를 제출했다. 이들이 수감 중에 혼인신청서를 제출한 것은 대역사건으로 사형을 받을 경우 가족으로 함께 하길 원했기 때문이다.

가네코 후미코와 박열에 대한 대역사건 재판은 1926년 2월 26일에 첫 공판이 열렸다. 첫 공판에 참석한 가네코 후미코는 흰 저고리에 검은 치마를 받쳐 입고 쪽진 조선 머리로 등장했다. 박열은 사모관대(紗帽冠帶)에 조복(朝服)을 입고 검은 신발을 신었다. 이렇게 두 사람은 조선의 전통 복장을 하고 재판에 참석했으며, 이름을 묻는 재판장의 질문에도 한국 이름으로 답했다.

가네코 후미코가 이처럼 한복과 한국 이름으로 재판에 참석한 것은 비록 일본인으로 태어났지만 자신의 삶과 행동이 조선민족과 일치되었음을 보여주는 연대이자 저항의 행위였다. 자신들의 태도와 입장을 전혀 굽히지 않는 상태에서 재판의 결과는 정해진 것이나 마찬가지였다. 2월 26일부터 3월 1일까지 4차례에 걸쳐 공판을 진행하고, 3월 25일 도쿄대심원은 가네코 후미코와 박열에게 사형을 선고했다. 가네코 후미코는 판결을 듣고 '만세'를 외쳤다. 사형 판결을 통해 일본제국주의의 부당함을 직접 증명하고자 했던 가네코 후미코에게 사형 판결은 승리로 여겨졌을 것이다.

일본정부는 대역사건의 경우 사형 아니면 무죄였기 때문에 가네코 후미코와 박열에게 사형을 언도했다. 그러나 대중적 관심이 집중된 두 사람을 사형시키는 것에 일본정부는 부담을 느꼈다. 따라서 사형 판결 당일에 검사총장은 사법대신에게 은사(恩賜)신청서를 제출했고, 그 다음날 사법대신은 이 사안을 바로 수상인 와카쓰기 레이지로(若槻礼次郎)에게 제출했다.

사형 판결 이후 11일만인 1926년 4월 5일, 가네코 후미코와 박열에 대한 은사가 확정되면서 이들에 대한 판결이 사형에서 무기징역으로 감형되었다. 그렇지만 가네코 후미코는 일본정부의 이러한 기만 행위를 거부하며 감형장을 형무소장 앞에서 찢어버렸다고 한다. 일본제국주의와 일체 타협하지 않겠다는 그의 의지였다. 감형 직후 박열은 4월 6일 치바현 치바형무소로, 가네코 후미코는 4월 8일 도치기현 우쓰노미야형무소 도치기지소로 이감되었다.

가네코 후미코의 죽음과 한 장의 사진

1926년 7월 23일, 가네코 후미코는 형무소에서 돌연 사망했다. 공식적으로 자살한 것으로 공포되었다. 형무소 측은 그녀의 시신을 서둘러 근처 공동묘지에 가매장했다. 이 소식을 들은 후세 다쓰지와 그녀의 흑우회 동지들이 형무소를 찾아가 사인 규명과 사체 인도를 요구했다. 결국 후세 다쓰지와 친모 등이 다시 찾아가 30일 공동묘지에서 유해를 파내어 31일에 화장했다.

유골을 후세 다쓰지의 집에 임시로 보관했다가 박열의 고향인 경상북도 상주에 묻을 계획이었지만, 경찰이

출처: 《중외일보》(1927. 1. 23)
평화로운 시간을 함께 보내는 가네코 후미코와 박열. 이 사진은 감옥에서 촬영된 것으로 괴문서를 통해 세상에 알려졌다.

탈취를 시도하는 등 쉽지 않은 과정이었다. 결국 박열의 형이 일본에 와서야 가네코 후미코의 유골을 식민지 조선으로 가지고 갈 수 있었다. 2023년 12월 경북 문경에 박열 의사 기념관이 조성되면서 가네코 후미코의 유해는 기

출처: 국가보훈부 현충시설정보서비스

박열기념관에 조성된 가네코 후미코 묘소.

념관 옆으로 이장되었다.

 가네코 후미코의 죽음 직후에 '괴문서'가 일본 언론에 제보되었다. '괴문서'는 가네코 후미코와 박열이 감옥에서 결혼식을 올렸고, 한 방에 머물렀으며, 결국 가네코 후미코가 임신을 했다는 등의 괴담을 주장했다. '괴문서'는 그녀의 죽음과 임신을 연관짓는 등 통속적 주장이 담겨 있었지만, 함께 첨부된 한 장의 사진은 파문을 일으켰다. 이 '괴문서'에 첨부된 사진에는 가네코 후미코와 박열의 모습이 담겨 있었다. 무언가 읽고 있는 가네코 후미코가 박열의 무릎 위에 앉아 있는 모습의 사진이었다.

둘의 모습은 감옥에 수감된 것이 아니라 여느 연인의 일상 모습처럼 보였다. 이 사진이 어떤 경로로 유출되었는지 정확히 알 수 없지만, 야당은 이 사진을 근거로 와카쓰키 내각을 공격했다. 대역사건 피고를 제대로 관리하지 못했다는 비판이었다. 논란이 커지자 예심 조사실에서 사진 촬영을 허락한 담당판사가 해임되었을 뿐만 아니라 결국은 내각 해산으로 이어졌다.

가네코 후미코와 박열 재판은 대중적으로 관심이 집중되었다. 처음에는 보도금지 때문에 두 사람의 재판 소식이 널리 알려지지 않았지만, 1925년 11월 24일 보도금지가 풀리면서 재판이 진행되는 동안 일본을 비롯하여 식민지 조선에서도 많은 관심을 받았다. 대역사건이라는 사건의 성격에다가 가네코 후미코와 박열의 연인 관계는 대중들에게 흥미로운 요소였다.

그렇지만 무엇보다 가네코 후미코와 박열은 죽음을 눈앞에 두고도 일본의 식민지 지배의 부당함을 주장하며 불굴의 의지로 저항한 조선인의 상징이었다. 박열은 그 공적을 인정받아 대한민국정부로부터 1989년 건국훈장 대통령장을 받았다. 식민지 조선의 현실에 공감하며 타협하지 않고 일본제국주의에 맞서 싸운 가네코 후미코는 박열이 서훈을 받고 30여 년이 지난 2018년에 건국훈장 애국장을 받았다.

🔊 사건파일

관동대지진
유언비어 방조로 시작된 조선인 학살

관동대지진은 1923년 9월 1일 오전 11시 58분에 도쿄와 그 주변 지역에서 발생한 진도 7.9의 강진을 말한다. 관동(關東)이라는 표현은 메이지유신 이후 일본 정치·경제의 중심지인 도쿄와 그 주변 지역을 일컫는 말이다. 관동대지진은 지진의 세기도 컸을 뿐 아니라 발생 시점이 점심시간 직전이라서 크고 작은 화재가 동시다발적으로 발생하면서 수많은 이재민과 사상자가 발생했다.

일본정부는 지진 발생 당일 밤에 지진 피해를 복구하고 질서를 회복하기 위해 구제 관련 기구 설치와 함께 계엄령을 선포하기로 결정했다. 계엄령은 9월 2일 공포되었고, 계엄령에 따라 군대가 치안 유지를 위해 동원되었다. 이 과정에서 지진으로 인하여 생활 터전이 파괴되고 일상을 위협받은 일본인의 불안과 불만이 조선인에게 향하면서 조선인 학살이 발생했다. 일본정부가 발표한 사망자 수는 233명이지만, 상하이에서 발간된《독립신문》에는 6,661명으로 발표되었다.

조선인 학살을 촉발한 것은 '조선인이 우물에 독을 탄다'거나 '조선인이 폭동을 일으킨다'와 같은 유언비어 때문이었다. 이러한 유언비어는 지진이 발생한 9월 1일부터 등장했고, 9월 2일에는 더 상세한 내용과 함께 '조선인 폭동설'이 더 확대되었다. 이러한 유언비어의 확산에는 경찰 및 정부의 의도적 방관이 큰 역할을 했다.

유언비어가 처음 발생한 9월 1일 저녁에는 경찰이 구체적 사실 확인 없이 조선인이 폭동을 일으킨다는 유언비어의 내용을 그대로 발표했으며, 그 다음날에는 내무성 간부가 역시 조선인 폭동을 인정하면서 유언비어 확산을 방조 혹은 유도했다. 여기에 일본언론은 자극적인 제목의 기사를 통해 조선인에 대한 대중적 적대감을 고조시켰다.

유언비어의 출처에 대해서는 민간 발생설, 정부 발생설, 민간·정부 발생설이 엇갈린다. 학살 책임과도 연결되는 문제이지만 유언비어라는 특성 때문에 그 정확한 출처가 확인되지 않고 있다. 그렇지만 그 출처가 어디인지와 상관 없이 정부 및 민간 차원에서 조선인 학살을 유도하는 유언비어를 확대 재생산했다는 점은 변하지 않는다.

조선인 학살은 9월 2일부터 6일까지 집중적으로 발생했다. 군대와 경찰만이 아니라 지역 주민들이 스스로를 방어하기 위해 조직한 자경단도 조선인 학살에 가담했다. 주로 재향군인회나 청년회를 주축으로 마을의 지도적 인사가 이끌었던 자경단은 자연발생적으로 만들어지기도 했지만, 경찰의 지령에 따라 조직된 경우도 있었다.

 자경단은 일본도나 죽창 등으로 무장하고 마을을 지나는 중요 길목에 임의로 검문소를 설치하고, 조선인을 떠올릴 수 있는 문화적이고 인종적인 지표를 활용하여 조선인을 색출했다. 조선인이 발음하기 어려운 '주고엔 고주고센'(15엔 55센)을 말하도록 시킨 것은 대중적으로 잘 알려진 사례이다.

 당연하게도 이러한 문화적이고 인종적인 지표는 임의적이고 자의적인 것으로, 조선인으로 오인되어 일본인, 중국인, 오키나와인 등이 살해되는 경우도 있었다. 더구나 군대와 경찰은 평소에 '불량'하게 여긴 사회주의자나 아나키스트 등을 위험인물로 몰아 체포 및 살해하기도 했다. 국가기관과 민간단체가 결합하여 집단적으로 조선인 학살에 나섰기 때문에 학살의 주된 대상이었던 조선인의 피해가 상당할 수밖에 없었다.

George A. Fitch · 한자명 費吾生 · 1883~1979

출처: 독립기념관 〈한국독립운동인명사전〉

"시간이 촉박했다. 나는 곧 미국인 피치 씨에게 잠시 숨겨주길 청했다. 피치 씨는 흔쾌히 승낙했다. 그리하여 나(김구, 金九)와 김철(金澈)·안공근(安恭根)·엄항섭(嚴恒燮) 네 사람이 피치 씨의 집 2층으로 갔다. 피치 부인이 우리의 식사를 정성으로 제공했다. 피치 씨는 피치 목사 아들인데 피치 목사가 생존 시에 우리 상하이 독립운동가를 크게 동정했었다. 참으로 우리에게는 숨은 은인이라고 아니할 수 없었다."

― 《백범일지》 중에서

14

아버지에 이어 조선인과 함께
고통을 감당한 목회자

1932년 4월 29일, 상하이 훙커우(虹口) 공원 한복판이 폭음과 함께 뒤흔들렸다. 천장절(일본 천황의 생일)을 기념하는 행사가 한창이던 무대에다 윤봉길(尹奉吉) 의사가 투척한 폭탄은 일제의 승전을 기리는 장면을 일순간에 아수라장으로 바꾸었다. 그러나 그 여파는 가혹했다. 일본경찰은 상하이 일대를 샅샅이 수색했고, 대한민국임시정부 요원들은 목숨을 건 탈출을 감행해야 했다.

일본 헌병대의 포위망을 피해 사라진 김구와 임시정부 요인들의 피신처는 뜻밖에도 프랑스 조계의 한 가정집이었다. 이 집의 주인은 미국인 선교사 조지 애시모어(애쉬모어) 피치였다. 김구는 자신이 의거를 지휘했다고 고백했고, 피치 부부는 아무 조건 없이 그들을 받아들였다.

한 선교사 가족이 맺은 한국과의 인연

조지 애시모어 피치는 며칠 동안 임시정부 인사들을 숨겨준 뒤, 그들이 상하이를 무사히 빠져나갈 수 있도록 직접 도왔다. 일제 감시망의 중심지에서 위험을 무릅쓰고 한국 독립운동가들을 도운 외국인. 피치는 언제나 한국 독립운동의 한복판에서 조용히 손을 내밀었던 '은밀한 동행자'였다.

조지 애시모어 피치는 1883년 1월 23일, 중국 쑤저우(蘇州)에서 태어났다. 그의 삶을 이해하기 위해서는 먼저 가문에 주목해야 한다. 아버지 조지 필드 피치(George Field Fitch)는 1845년 1월 28일, 미국 오하이오주에서 태어났다. 1870년 장로교 선교사로 중국 상하이에 도착한 이후 반세기 가까이 선교활동에 헌신했다. 어머니 메리 맥렐란(Mary McLellan Fitch) 역시 선교사이자 교육자였으며, 미국 대통령 러더퍼드 헤이스(Rutheford B. Hayes, 1822~1893)와도 인척 관계가 있는 유서 깊은 집안 출신이었다.

조지 애시모어는 이들 부부의 2남 3녀 중 넷째로 태어났다. 그는 아버지와 같은 '조지'라는 이름을 썼다. 피치 가문은 '선교'와 '중국'이라는 두 키워드로 뭉친 가족이었다. 형제자매 대부분이 미국에서 교육을 마친 뒤 다시 중국으로 돌아와 선교사로 활동했으며, 가족 모두가 중국을 삶의 현장으로 삼았다.

애시모어는 미국 오하이오주 우스터대학(Wooster College)을 졸업한 뒤, 뉴욕에 있는 컬럼비아대학교 연합신학대학원(Union Theological Seminary and Columbia University)에서 신학을 수학하고 1909년 장로교 목사 안수를 받았다. 그해 말 다시 상하이로 돌아온 그는 곧장 YMCA 활동에 투신했고, 이후 제2차 세계대전 종전까지 중국 각지의 YMCA에서 총간사로 활동했다. 그의 근무지는 상하이, 난징, 충칭, 란저우(蘭州) 등 중국 현대사의 중심 무대였다.

피치 가족이 한인들과 본격적으로 교류하기 시작한 것은 1910년대 중반부터였다. 아버지 필드는 상하이의 협화서국(協和書局, The Shanghai Mission Bookstore)을 통해 망명한 한인들과 자연스럽게 접촉했다. 1914년 난징의 금릉대학(金陵大學)에서 공부하던 여운형은 1917년부터 협화서국 위탁판매부에서 활동하고 있었다. 필드는 여운형과의 만남을 계기로, 조선을 강제로 지배한 일제의 폭압과 식민지 현실에 눈을 뜨게 되었다.

그렇게 필드 가족과 한국의 인연이 시작되었다. 당시 아들 애시모어는 상하이 YMCA에서 성경공부 모임을 운영하며 쑨원, 탕사오이(唐紹儀), 왕충후이(王寵惠) 등 중국 국민당 인사 및 중국의 유명한 사업가들과 긴밀히 교유(交遊)하고 있었다. 이 네트워크는 훗날 한인 독립운동가들이

출처: 독립기념관 〈한국독립운동인명사전〉
유년 시절의 조지 애시모어 피치(앞줄 왼쪽)와 가족들.

외교 루트를 모색할 수 있는 소중한 통로가 되었다.

여운형이 미국 외교관 크레인(Charles R. Crane)을 직접 만날 수 있었던 것도, 피치 부자와의 연결 덕분이었다. 여운형은 1918년 11월 28일에 열린 크레인 주중 미국대사 예정자 환영파티에 참석할 수 있었는데, 이를 주선한 것이 애시모어였다. 이때 여운형은 미국 윌슨 대통령의 후원자이자 친구인 크레인과 대면하여 한국 문제에 관한 대화를 나눌 수 있었다.

도움이 필요한 곳에 머문 사람

1920년대에 들어서며 피치 부자의 한국 독립운동 지원은 보다 조직적인 형태로 전개되었다. 상하이에 망명한 한인들의 수가 급증하고 대한민국임시정부가 수립되면서 교육·구호·외교 등 각 분야에서 실질적인 지원이 절실해지자, 피치 부자는 각자의 방식으로 힘을 보탰다. 아버지 조지 필드 피치는 특히 대한적십자사 활동과 인성학교를 중심으로 한인사회와 긴밀히 연결되었다.

대한적십자사는 1909년 7월 일본적십자사에 흡수되며 사라졌다가, 1919년 8월 29일 대한민국임시정부 내무부 총장 안창호의 명의로 다시 설립이 공포되면서 재건되었다. 이에 발맞추어 미국에서는 한인구제회(韓人救濟會)가 조직되어 일본의 탄압을 받는 조선·만주·중국 지역의 한인들을 돕기 위한 모금 운동이 시작되었다.

하지만 모금이 여의치 않자, 필드는 중국 내 미국인 선교사들에게 직접 편지를 보내 구호품과 의연금 모집을 독려했고, 1920년 4월에는 75세의 고령에도 불구하고 미국으로 건너가 샌프란시스코 한인교회에서 직접 모금 활동에 나섰다. 그가 이렇게까지 적극적으로 나선 것은, 상하이에 모여든 한인들의 삶이 얼마나 궁핍했는지를 누구보다 가까이에서 지켜봤기 때문이었다.

또한 필드는 한인들이 자녀 교육을 위해 설립한 인성학교(仁成學校)의 기금모집 고문위원으로도 활약했다. 인성학교는 설립 초기부터 운영비 부족으로 어려움을 겪었고, 교사와 학생 수는 늘었지만 교실이 턱없이 부족했다. 이에 인성학교 측은 상하이 교민과 미주 한인, 그리고 외국인 후원자들에게 도움을 요청했고, 필드는 그 요청에 선뜻 응했다.

그러나 이러한 활동은 곧 일제의 감시망에 포착되었다. 상하이 주재 일본 총영사관은 미국 측에 필드의 활동에 대해 유감을 표명했고, 상하이 미국 총영사는 필드에게 대한적십자사 활동의 경위를 해명하라고 요구했다. 이에 대해 필드는 "나는 한국에 있는 미국인의 증언을 통해 한국인들이 일본인들에게 어떠한 탄압을 받고 있는지 알고 있습니다. (…) 나는 수년 동안 상하이에서 한국을 돕기 위해 노력했습니다. 하지만 나는 그들에게 정치적 포부를 격려하거나 이념적인 선전을 한 적은 없습니다"라고 답했다.

필드는 자신의 행동이 정치적 개입이 아닌, 마땅히 해야 할 일이라는 점을 분명히 했다. 일본의 항의와 미국 총영사의 경고에도 물러서지 않았던 그의 태도는, 현실을 외면하지 않고 곁에 머무는 방식으로 조선인을 지지한 행동이었다. 1923년 2월 17일, 필드는 상하이 자택에서 향

출처: 독립기념관 〈한국독립운동인명사전〉

조지 필드 피치가 후원한 대한민국임시정부의 대한적십자회.

년 78세로 눈을 감았다. 그의 죽음은 조용했지만, 그가 남긴 행적은 이후 아들 애시모어 피치의 삶 속에서 굳건히 이어졌다.

아버지의 뜻을 이은 애시모어 부부

아버지의 죽음 이후, 애시모어 피치는 상하이 YMCA 총간사로서의 활동과 별개로, 조선인 독립운동가들을 지원해 나갔다. 그의 아내 제럴딘(Geraldine T. Fitch) 역시 이 과정에서 중요한 역할을 맡았다. 부부는 피치 가문 특유의 신앙과 책임 의식을 공유하면서도, 이전보다 더욱 은밀하고 실질적인 방식으로 조선인들과 연대해 나갔다.

1932년 4월 29일, 윤봉길의 홍커우 공원 의거는 상하이 일대를 한순간에 긴장 상태로 몰아넣었다. 일본 측은 사건의 배후를 추적하며 임시정부 인사들에 대한 대대적인 체포 작전에 나섰고, 김구를 포함한 주요 인물들은 체포를 피해 도피해야 했다.

이때 애시모어와 제럴딘은 상하이 자택을 은신처로 제공하며 김구, 김철, 안공근, 엄항섭 네 사람을 집 안에 숨겼다. 이들 임정 인사들은 한 달 가까이 머물며 최소한의 안전을 확보하고 숨을 고를 수 있었다. 당시 피치 부부의 자택은 일본경찰이 함부로 들이닥칠 수 없는 외국인 거주지였기에, 독립운동가들에게는 마지막 안식처와도 같은 공간이었다.

또한 제럴딘은 김구가 의거의 진상을 알리기 위해 작성한 글을 영어로 번역해 로이터통신에 투고했고, 이는 국제 여론을 환기시키는 데 기여했다. 이들 부부는 피신을 돕는 수준을 넘어, 외교적 압박과 언론 대응이라는 전략적 차원에서 임시정부의 목소리를 외부로 전달하는 데 적극적으로 나섰다.

하지만 일제의 탄압은 날이 갈수록 심해졌고, 상하이 프랑스 조계지는 더 이상 안전하지 않게 되었다. 애시모어는 직접 차량을 몰고 김구 일행을 태워 상하이를 빠져나가는 탈출을 감행했다. 프랑스 조계에서의 은신과 이동 경로를 조율하며, 부부는 이들이 새로운 망명지로 이동할 수 있도록 끝까지 협조했다.

한편 윤봉길 의거가 벌어진 바로 그날, 상하이 프랑스 조계에서 안창호가 체포되는 불행한 사건이 일어났다. 이에 분노한 애시모어는 프랑스 언론인과 지식인들에게 안창호가 의거와는 무관한 인물임에도 불법적으로 체포되었으며, 프랑스 당국이 이를 사실상 묵인하고 있다고 강하게 비판했다. 그는 또한 프랑스 조계 경찰서장 에티엔 피오리(Etienne Fiori)에게 편지를 보내, 상하이교민단장이자 인성학교 교장을 지낸 이유필(李裕弼)에 대한 압박을 중단할 것과, 일본경찰의 불법 행위에 프랑스 조계 당국이 협조하거나 방조하지 않기를 바란다는 뜻을 분명히 밝혔다.

이처럼 애시모어 피치 부부가 외국인이라는 지위를

이용해 피난처를 제공하고 탈출을 도왔으며, 국제 언론과 외교 인사들을 향해 조선인의 억울함을 호소한 용기 있는 실천들은, '말 없는 후원자' 이상의 의미를 가졌다. 우리는 종종 역사의 전면에 선 이름들만을 기억한다. 그러나 '그날 밤' 이후 이어진 피치 부부의 행적은, 독립운동의 긴 서사에서 김구가 말한 '숨은 은인'이란 표현의 진정한 의미를 되새기게 한다.

대한민국임시정부 승인을 위한 노력

1936년, 애시모어 피치는 난징 YMCA의 총간사로 부임하면서 상하이를 떠나 난징으로 거처를 옮겼다. 그즈음 그의 아내 제럴딘은 미국으로 귀국했다. 난징에 정착한 피치는 이듬해 일본군의 침공으로 발생한 참혹한 민간인 학살, 곧 '난징대학살'을 목격하게 된다.

그는 현지에 머물고 있던 서구 선교사와 외국인 지식인들과 함께 '난징 안전지대 국제위원회'(International Committee for the Nanking Safety Zone)를 조직해 피난민들을 보호하고 일본군의 만행을 억제하고자 했다. 안전지대 운영에 참여한 그는, 학살의 실상을 담은 보고서를 작성하고 이를 국제사회에 알리는 데 앞장섰다. 그에게 난징은 단순한

출처: 독립기념관 〈한국독립운동인명사전〉
피치가 설립한 '난징 안전지대 국제위원회'의 피난민들과 함께 찍은 사진.

선교의 장이 아니라, 양심상 침묵할 수 없는 절박한 현장이었다.

1940년대에 접어들며 태평양전쟁 발발이 임박해지자, 미국에 있던 한인들은 임시정부의 승인과 독립 지원을 얻기 위한 외교전에 나섰다. 충칭에 있던 대한민국임시정부는 이승만에게 대미외교의 전권을 위임했고, 주미외교위원부(駐美外交委員部)는 한정된 자원 속에서 미국 내 정계·언론계·학계·종교계 인사들과 연대해 한미협회(韓美協會)와 한국기독교인친한회(韓國基督敎人親韓會)를 결성했다. 애시모어와 제럴딘 부부는 이 두 단체의 핵심 일원으로 활동했다.

특히 제럴딘은 한미협회의 후견인으로서 미국 사회에 한국 독립의 정당성을 알리는 데 주력했고, 기독교계 인맥을 활용해 여론 환기에 힘썼다. 그러나 미국은 당시 일본과의 전쟁이라는 전략적 고려 속에서 임시정부에 대한 공식 승인을 유보하고 있었다. 이에 따라 한미협회 인사들은 외교 방침을 전환하여 중국 국민당 정부와의 연대를 도모했고, 애시모어는 국민당 주요 인사들과 접촉하며 중재 역할을 시도했다. 제럴딘 또한 개인적으로 친분이 있던 쑹메이링(宋美齡)에게 편지를 보내 임시정부에 대한 승인을 촉구했다. 비록 공식 승인은 이루어지지 않았지만, 이러한 활동은 제럴딘을 해방 이후에도 한미 외교에서 의미 있는 인물로 자리매김하게 만들었다.

제2차 세계대전 후반, 애시모어는 연합군의 중국 전선 작전에 합류했다. 1944년 란저우로 이동한 그는 미얀마 랑군(Rangoon, 현 양곤)과 충칭을 잇는 버마 로드(Burma Road)를 따라 진행되는 미군 수송작전에 참가했고, 고문 자격으로 중국어 통역과 지역정보 분석을 담당했다. 그는 이 과정에서 임시정부 인사들의 성격과 역량, 그리고 전후 이들이 독립국가 건설에 기여할 수 있는 가능성에 대한 보고서를 정리해 미국 측에 제출했다. 그의 정보는 광복군 제2

지대와 OSS(미국 전략사무국)의 합동작전 구상에 반영되었으며, 이후 미군이 설정한 대한정책 수립에도 일정한 영향을 끼쳤다.

해방된 한국, 마지막 연대

1945년 8월, 제2차 세계대전이 종식된 후 애시모어 피치는 YMCA 활동에서 은퇴하고, 국제연합구제부흥기관(UNRRA)의 중국 담당관으로 활동하며 전후 복구에 참여했다. 그리고 1947년 7월, 그는 한국 YMCA 총간사로 임명되어 아내 제럴딘과 함께 다시 한국 땅을 밟았다. 일제강점기 시절 조선의 독립운동가들과 맺은 인연은 해방 후에도 계속되었다. 그가 서울에 도착하자 김구는 즉시 피치 부부를 찾아 환영 인사를 건넸다. 김구는 환영회에도 두 차례 참석해, 자신이 생사를 넘나드는 도피 중 피치의 집에 은신했던 시절을 회고하며 "이들은 말없이 자유를 도운 진정한 친구들이었다"고 강조했다.

그러나 당시 피치의 집에서 함께 피신했던 네 사람 중, 안공근과 김철은 이미 세상을 떠난 뒤였다. 김구와 엄항섭만이 해방된 조국에서 피치 부부와 함께 사진을 남길 수 있었다.

1947년부터 2년간 한국에 머물며, 애시모어는 전국 각지에 YMCA 회관을 설립하고 해외 구호물자를 공급하는 일에 매진했다. 서울 종로에 있던 YMCA 회관이 한국전쟁 중 심각한 피해를 입자, 그는 다시 복구 작업을 지휘하며 전후 복구의 일선에 섰다. 그리고 1951년, 한국 YMCA 총간사직에서 물러나며 두 번째 은퇴를 맞이했다.

이후 애시모어는 1958년부터 1963년까지 타이완 담강대학(淡江大學) 물리학과에서 고문으로 일했으며, 1963년 모든 공직에서 완전히 은퇴한 뒤 아내 제럴딘과 함께 캘리포니아주 클레어몬트로 돌아갔다. 피치 부부는 여생을 그곳에서 조용히 보내다가, 1976년 9월 제럴딘이 향년 84세로 먼저 세상을 떠났고, 애시모어는 1979년 1월 20일 향년 96세로 별세했다.

피치 부부는 조선의 고통을 나눠 지는 것을 자신의 책무로 여기고 위험을 무릅쓴 실천으로 함께한 이웃이자 친구였다. 그리고 한국 외교독립운동의 전선에서 결코 작지 않은 발자취를 남겼다. 대한민국정부는 조지 애시모어 피치의 공로를 기리기 위해 1968년에 건국훈장 독립장을 추서했다.

🗂 사건파일

윤봉길 의거
악화되었던 한국과 중국 민족 간의 연대 회복

1932년 4월 29일, 상하이 훙커우 공원에서는 일본 천장절과 상하이사변 승전을 기념하는 일본군 주최 행사가 성대하게 열렸다. 일본군 최고사령관 시라카와 요시노리(白川義則)와 주중공사 시게미쓰 마모루(重光葵) 등 일본제국주의의 핵심 인사들이 대거 참석한 이 행사장에서, 한 조선인 청년이 연단을 향해 폭탄을 던졌다.

그는 대한민국임시정부의 김구가 이끄는 한인애국단(韓人愛國團)의 대원, 윤봉길이었다. 그는 곧바로 체포되었지만, 끝까지 당당한 태도를 유지했다. 폭발의 순간, 시라카와 요시노리는 중상을 입었고, 제3함대 사령관 노무라 기치사부로(野村吉三郎)는 실명했다. 시게미쓰 마모루 역시 다리를 절단하게 되는 큰 부상을 입었다. 윤봉길의 의거는 일본군 고위 인사들에게 치명적인 타격을 입혔고, 상하이 일대에 강한 충격을 주었다.

윤봉길은 23세인 1930년 독립운동에 헌신하기로 결심하고 "대장부가 집을 나가면 뜻을 이루기 전에는 돌아오지 않는다"는 명언을 남긴 후 망명길에 올랐다. 최종 목적지는 대한민국임시정부가 있는 상하이였다. 1931년 11월, 대한민국임시정부 국무회의에서는 특공작전을 통해 독립운동의 활로를 모색하기로 결정하고, 이에 대한 전권을 김구에게 위임했다.

김구는 곧바로 '한인애국단'을 조직해 대일 항전의 실질적 수단을 마련하고자 했다. 그 무렵, 윤봉길은 김구를 찾아가 "이봉창 의사와 같은 일이 다시 필요하다면 자신이 맡겠다"고 자청했다. 그의 결연한 다짐은 홍커우 공원 의거 준비의 신호탄이 되었다.

윤봉길의 의거 후 일본은 즉시 임시정부에 대한 대대적인 보복을 감행하며 프랑스 조계에 피신한 한인 독립운동가들을 체포하려 했다. 의거 다음 날인 4월 30일 새벽, 일본 헌병과 경찰은 프랑스 조계 경찰과 합동으로 김구, 이유필 등 한인 인사들의 자택을 급습했다.

이 과정에서 안창호 등 11명이 체포되어 일본 총영사관으로 연행되었고, 프랑스 경찰은 안창호의 중국 국적 증빙 문서까지 압수해 조계 내 법적 보호조차 무력화시켰다. 또한 일본은 '익명 영장'을 이용해 실명 확인 없이 한인들을 무차별 연행했고, 프랑스 경찰은 이를 사실상 방조했다. 이 때문에 많은 임시정부 요인들이 체포를 피해 상하이를 떠나 몸을 숨겨야 했다.

의거 후 윤봉길은 일본군 군사법정에서 사형을 선고받고, 1932년 12월 일본 가나자와(金澤) 교외 미고우시(三小牛) 공병 작업장에서 순국했다. 단 한 사람의 결연한 용기로 일본제국주의의 심장부를 정조준한 그의 의거는 전 세계의 시선을 상하이와 한국 독립운동을 향하도록 했다. 특히 중국 국민당의 지도자 장제스(蔣介石)는 "조선의 한 사람이 중국 100만 대군보다 더 큰 일을 했다"고 평가했다.

윤봉길의 의거는 만보산 사건 이후 악화되었던 한국과 중국 민족 간의 연대를 회복시키고, 중국 사회 전반에 한국 독립운동에 대한 지지 여론을 확산시켰다. 한 청년의 폭탄 한 발은 중국 민중의 치욕과 울분을 위로했고, 그로 인해 한인에 대한 반감은 일거에 감사와 연대로 바뀌었다. 이는 중국 영토 안에서의 독립운동 기반을 다시 세우는 데 큰 동력이 되었다.

또한 침체했던 대한민국임시정부의 활동을 다시 부흥시키는 계기가 되었다. 윤봉길의 결단은 국내외 한인 사회에 깊은 감동을 주었고, 재정적·정신적 후원을 이끌었다. 더불어 중국 국민당 정부는 임시정부에 대한 공식 지원을 시작하고, 한인 청년들을 위한 군사훈련반을 설치해 훗날 광복군과 조선의용대 창설의 밑거름이 되었다.

杜君慧 · 1904~1981

출처: 독립기념관 〈한국독립운동인명사전〉

"가장 사랑하는 조선의 부녀 동포 여러분! 나는 조선의 딸입니다. 나는 조선 민족의 해방을 위하여 20년 동안이나 조선의 자녀들과 환란과 생사를 같이 하였습니다. 나는 조선 부녀의 일을 나의 일로 생각하고 어떻게 해야 우리 조선 부녀 동포들이 민족의 해방과 자신의 해방을 위해 좀 더 잘 싸우고 좀 더 많은 공헌을 할 수 있을지 늘 생각합니다."

– 《독립》(1945. 7. 11.) 중에서

15

조선 독립과 여성의 권리 증진을
옹호한 실천가

1945년 7월 11일. 해방을 불과 한 달여 앞둔 이날, 《독립》이라는 잡지에 낯설지만 울림 깊은 한 편의 글이 실렸다. "나는 조선의 딸입니다"라고 밝히며 이 글을 쓴 이는 두쥔훼이(杜君慧)라는 이름의 중국인이었다. 그는 왜 자신을 '조선의 딸'이라 불렀을까. 무슨 연유로 중국인이 20년 넘게 조선 민족과 생사를 함께하며, 조선의 부녀 동포에게 이토록 간절히 호소하게 되었을까. 단지 조선인 남편의 곁을 지킨 것만으로는 설명되지 않는 이야기였다. 두쥔훼이는 한 사람의 아내였고, 동시에 혁명가였다. 조선과 중국의 경계, 여성과 민족의 경계, 사랑과 실천의 경계를 넘나들며 살았던 한 여인의 삶에 주목하려 한다.

광저우에서 만난 조선 연인

 1927년 겨울, 중국 광저우(廣州)는 혁명의 열기로 들끓고 있었다. 몇 달 전 장제스가 반공 쿠데타를 일으키며 중국 국민당과 공산당의 제1차 국공합작이 무너졌고, 그로 인해 공산당 세력이 무장봉기를 감행했다. 이것이 바로 광저우 봉기였다. 짧고 치열했던 전투, 그리고 무자비한 진압. 단 사흘 만에 봉기는 실패했고, 거리에 피가 고였다. 이 혼란의 한가운데, 조선에서 온 청년 김성숙(金星淑)이 있었다.

 김성숙은 1898년 평안북도 철산(鐵山)에서 태어났다. 승려로 출가했지만, 일찍이 조국의 현실에 눈을 떴고, 1919년 3·1운동에 참여하여 양주와 포천 등지에서 독립선언서를 배포하다 일본경찰에 체포되었다. 그는 2년간 옥고를 치른 뒤 출옥했고, 이후 조선노동공제회(朝鮮勞動共濟會)와 무산자동맹회(無産者同盟會) 등 사회주의 계열의 조직에서 활동하며 새로운 길을 모색했다. 그러다 마침내 1923년, 조국을 떠나 중국 베이징으로 망명했다.

 그는 민국대학(民國大學) 정치경제학과에 입학하여 사회주의 이론을 공부했고, 불교유학생회와 고려유학생회 같은 유학생 조직을 만들어가며 사상과 실천을 아울러 추구했다. 또한 장건상(張建相), 장지락(張志樂) 등과 함께 이루

쿠츠크 공산당의 베이징 지부 역할을 했던 창일당(創一黨)을 조직하고, 기관지 《혁명》(革命) 발간에도 깊이 관여했다.

그러나 1925년 6월, 장쭤린(張作霖) 군벌 정권이 일제와 협력해 한인 민족운동가들을 탄압하면서 김성숙 역시 '요주의 인물'로 지목되었고, 그는 이를 피해 중국 남쪽으로 향했다. 이듬해인 1926년 광저우로 내려온 김성숙은 쑨원이 창립한 중산대학(中山大學)에 입학했고, 동시에 의열단 간부로서 활동을 시작했다. 그는 의열단과 유월한국혁명청년회(留粤韓國革命青年會) 등에서도 활약하며, 급진적인 정치사상과 실천을 겸비한 '붉은 승려'로 불리게 되었다.

그러던 중, 그는 한 여성을 만났다. 바로 두쥔훼이였다. 1904년 광저우 출생으로, 쑨원이 설립한 광동대학(廣東大學, 1926년 중산대학으로 교명 변경)의 제1기 여학생이었다. 중국에서도 아직 여성 고등교육이 낯설던 시절, 그는 독립적이고 진취적인 태도로 대학 수업에 임했고 중산대학에서 공부하던 장지락, 오성륜(吳成崙), 김성숙 등 조선인 혁명가들과도 자연스럽게 교류했다.

두쥔훼이는 특히 김성숙과 많은 대화를 나누었다. 처음에는 대학 내의 학문적 교류였고, 이후에는 시대를 바라보는 시선과 방향이 겹치면서 서로를 향한 신뢰와 감정이 쌓여갔다. 몇몇 동료들은 두 사람이 '72열사 광장' 인근에서 함께 산책하는 모습을 기억하고 있었다. 그러나 두 사람 사이에 싹튼 감정은 김성숙의 혁명 활동에 어떤 걸림돌도 되지 않았다. 그는 이전과 다름없이 치열하게 활동했고, 광저우 봉기에서는 지도적 역할까지 맡았다.

김성숙은 조선인 청년들을 이끌고 교도단(敎導團)에 합류했다. 그는 군사·정치공작의 책임자로서 조직을 이끌었고, 조선인 부대원들에게 투쟁의 방향과 사상을 제시하는 역할을 맡았다. 그의 곁에는 장지락, 최용건(崔庸健), 유자명(柳子明), 오성륜 같은 동료들이 있었다. 그러나 봉기는 단 사흘 만에 실패했다. 국민당군은 조직적으로 시내를 장악해 나갔고, 다수의 조선 청년들은 전투 중 목숨을 잃었다. 체포된 자들도 있었고 이름도 없이 쓰러진 이들도 많았다.

그 혼란의 한가운데, 두쥔훼이는 중산대학 기숙사에 남아 조선인 유학생들을 피신시키는 데 온 힘을 다했다. 학교와 시내를 오가며 기숙사의 출입 경로를 정리하고, 위험 지역을 파악하고, 사람들에게 탈출 루트를 전달했다. 그녀는 낮에는 기숙사 근처를 살피며 남은 학생들의 안전을 확인했고, 밤에는 조용히 이들을 빼내 탈출시켰다. 국민당군의 총부리가 도시를 덮치던 때, 두쥔훼이는 '중국인 여성'이라는 자신의 정체성을 무기로 삼아 조선 청년들의 흔적을 감추고 숨겼다. 이는 목숨을 건 일이었다.

상하이에서 시작한 여성운동과 문화투쟁

김성숙은 끝까지 현장에 남아 동지들의 철수를 지휘했고, 두쥔훼이와 함께 마지막으로 남은 조선 청년들을 안전하게 빼낸 후에야 광저우를 빠져나왔다. 그들은 밤을 틈타 광저우를 탈출해 홍콩으로 향했다. 그곳에서 잠시 몸을 숨긴 뒤 상하이로 이동했다. 이미 수많은 동지가 죽거나 사라진 뒤였다. 광저우 봉기는 실패했고, 운동은 궤멸적 타격을 입었다.

하지만 그 와중에도 두 사람은 살아남았다. 그리고 살아남았다는 것은, 다시 시작해야 한다는 의미이기도 했다. 상하이에 도착한 뒤, 1929년 두쥔훼이와 김성숙은 정식으로 부부가 되었다. 운동의 실패와 동지의 상실, 그리고 불확실한 미래 앞에서 두 사람은 서로를 의지해 새로운 삶과 싸움을 이어가기로 했다.

외국 조계가 있어서 거리마다 외국인과 중국인 혁명가, 정보원들이 얽혀 있던 도시, 상하이. 수많은 망명자들이 그러했듯, 두쥔훼이와 김성숙도 다시 생존을 모색해야 했다. 광저우 봉기의 실패는 김성숙에게 큰 충격이었다. 동지의 죽음과 운동의 붕괴, 국민당 정권의 탄압은 그를 심리적으로도 조직적으로도 옥죄었다. 이전처럼 활발한 활동을 지속하기는 어려웠다. 그는 '어떻게든 살아남아 후일을 도모하자'는 판단 아래, 비밀 조직 활동은 피하고 공개적인 사회활동과 저술로 노선을 바꾸었다.

　김성숙은 신문에 시사 칼럼을 기고하고, 사회주의 관련 원고 집필과 번역 활동을 이어갔다. 생계를 유지하기 위한 일이기도 했지만, 무엇보다 그는 사상의 정리와 확장을 시도하고 있었다. 생활은 넉넉지 않았지만 생활비를 쪼개어 어려운 처지의 동지들을 돕기도 했다.

　1930년, 김성숙과 두쥔훼이는 함께 중국좌익작가연맹(中國左翼作家聯盟, 좌련)에 가입했다. 1930년 3월에 설립된 이 단체는 반제(反帝), 반국민당(反國民黨)을 외치며 소비에트혁명을 옹호하는 단체였다. 또한 좌익 문예운동의 중심이자 반제·항일의 여론을 이끄는 조직이었다. 김성숙 두진훼이 부부가 좌련에 함께 가입한 것은 좌련사(左聯史)에 따로 기록될 만큼 이례적인 일이었다.

　이 시기부터 두쥔훼이는 김성숙의 아내로만 머물지 않았다. 그는 점차 자신의 목소리를 찾아갔고, 여성해방의 문제를 중요한 과제로 인식하기 시작했다. '현대적이고 아름다운 부르주아 아가씨'라고 불리던 그녀는, 상하이에서 여성 혁명가로 다시 태어났다. 《부녀문제강좌》를 통해 여성해방을 위한 길을 제시하는 여러 글을 발표하고, 여성이 억압받는 근본적인 원인을 지적했다. 그녀는 글을 쓰는 동시에 행동하는 사람이기도 했다.

출처: 국가보훈부 공훈전자사료관
두쥔훼이의 젊은 시절.

　1935년, 《부녀생활》이라는 월간 잡지를 창간하고 직접 운영에 나섰으며, 같은 해 중국 문화계 및 여성계 인사들과 함께 〈상하이 문화계 구국선언〉을 발표하는 등 항일운동에도 적극적으로 참여했다. 또한 그해 설립된 상하이 여성구국회에서는 조직부장을 맡아 항일 시위와 구호 활동을 주도했다. 김성숙도 이에 동참하며, 부부는 서로의 투쟁을 지탱하고 보완하는 동반자로서 함께했다.
　이 시기 두쥔훼이의 삶은 고요한 전선이었다. 글을 쓰고, 사람을 모으고, 말과 인쇄물로 사람들을 일깨우는 것은 그들의 무기였다. 혁명이 무너진 자리에 두 사람은 다시 삶을 쌓았고, 그것이 또 다른 혁명의 토대가 되기를 바랐다.

여성도 민족의 운명에 정치적 책임을 진다

1937년 7월 7일, 베이징 근교의 루거우차오(盧溝橋)에서 벌어진 무장 충돌을 계기로 중일전쟁이 발발하자, 상하이도 곧 전장의 한복판이 되었다. 전선이 확대되고 일본군의 침공이 가시화되면서, 두쥔훼이와 김성숙은 더 이상 상하이에 머물 수 없었다. 전쟁의 혼란 속에서 두 사람은 피란길에 올라 우한(武漢)으로 향했다. 당시 우한은 국민당 정부가 임시 수도를 둔 전략적 거점이어서 많은 독립운동가들이 이곳으로 모여들었다.

두 사람은 우한에서 조선민족전선연맹(朝鮮民族戰線聯盟)의 김원봉(金元鳳), 유자명, 허정숙(許貞淑) 등과 함께 공동생활을 하며 독립운동의 거점을 다시 일구었다. 식탁을 함께 쓰고, 회의와 편집 작업을 함께 하며, 이들은 그 어떤 동지애보다 끈끈한 삶의 연대를 경험했다.

그 무렵 두쥔훼이는 전쟁으로 부모를 잃고 떠도는 고아와 가난한 아이들을 보살폈다. 중국 국민당 군사위원회 정치부의 협조를 받아 전시고아원(戰時孤兒院)을 설립하고, 거리에서 방치되던 아이들을 직접 돌보았다. 식량이 부족한 상황에서도 두쥔훼이는 아이들과 동지들을 위해 손수 밥을 지었고, 병든 아이들의 약을 구하기 위해 시장을 뛰어다녔다. 총성이 멎지 않던 우한의 밤, 그녀는 끊임없이 움직이며 삶을 이어갔다.

이 전시고아원은 한국 독립운동가들의 아지트로도 활용되었다. 조선민족전선연맹의 기관지 《조선민족전선》(朝鮮民族戰線)이 이곳에서 편집·출판되었다. 하지만 일본군의 포위망은 우한을 조여 왔다. 1938년 가을, 우한이 함락 직전의 위기에 몰리자 김성숙과 두쥔훼이는 다시 한번 피란을 결심했다. 두쥔훼이는 자신이 돌보던 수십 명의 아이들과 함께 피난길에 올랐고, 김성숙도 독립운동 자료와 연락망을 챙긴 후 두쥔훼이를 도왔다. 낯선 땅에서 시작된 피란은 충칭이라는 또 다른 망명의 도시로 이어졌다.

충칭은 이후 대한민국임시정부의 최종 근거지가 되었고, 많은 독립운동가들이 이곳에서 해방의 날까지 활동을 이어갔다. 김성숙은 도착하자마자 임시정부에 합류했고, 두쥔훼이 역시 자연스럽게 그 곁에서 활동했다.

두쥔훼이는 충칭에서 중한문화협회(中韓文化協會)의 발기인으로 참여하며 활동을 시작했다. 이 협회는 중국과 한국 사이의 문화 교류를 촉진하고, 나아가 중국 정부가 대한민국임시정부를 공식 승인하도록 여론을 조성하는 일에 집중했다. 이러한 외교적 활동은 당시 임시정부가 국제사회에서 입지를 확보하는 데 중요한 역할이었다.

그는 이어 임시정부 외무부 부원으로 선임되었고,

출처: 독립기념관 〈한국독립운동인명사전〉

환국 전 한국애국부인회 기념 사진.

1944년 새로 정비된 관제 아래에서는 정보과 과원으로 일했다. 외무부 정보과는 일본군의 동향을 파악하고, 동맹국과의 연계를 모색하며, 독립운동 진영의 활동을 정리·보고하는 중책을 맡은 부서였다. 두쥔훼이는 유창한 중국어와 풍부한 인맥, 치밀한 조직 감각을 바탕으로 이 일에 기여했다.

하지만 그의 활동은 거기서 멈추지 않았다. 여성운동가로서의 정체성을 놓지 않았던 두쥔훼이는 1944년 충칭에서 월간지 《직업부녀》(職業婦女)를 창간하여 여성의 사회적 참여를 강조했다. 《직업부녀》는 단지 여성들의 직업윤리나 생활지침을 다룬 것이 아니라 전시 중국 사회에서 여성의 정치적 책임과 시민적 역할을 강조하는 잡지였다. 그녀는 지면을 통해, 여성도 민족과 인류의 운명 앞에 정치적으로 책임지는 존재가 되어야 한다고 주장했다. 이듬해에는 중국부녀연의회(中國婦女聯誼會) 상무이사로 선출되어 여성계 대표로 활약했다.

1945년 8월 15일, 일본의 항복과 함께 조선은 식민지에서 해방되었다. 이 순간은 독립운동가들에게 더없이 감격스러운 날이었을 것이다. 하지만 두쥔훼이에게 그 기쁨은 이별과 불확실성의 시작이기도 했다. 1945년 12월, 김성숙은 임시정부 요인 제2진으로 귀국하게 되었다. 그는 고국으로 돌아갔지만 두쥔훼이와 세 아들, 특히 병든 둘째 아들은 함께 떠날 수 없었다. 그녀는 복막염 치료가 시급했던 아들을 홀로 남겨둘 수가 없었고, 그렇게 중국에 남았다. 단지 몇 달 뒤면 다시 만날 수 있을 거라고, 두 사람은 믿었을 것이다. 하지만 짧을 것이라 여겼던 이별은, 결국 다시는 만나지 못하는 작별이 되고 말았다.

김성숙은 분단과 냉전, 정치적 혼란 속에서 서울에 남아 활동하다가 1969년 생을 마감했다. 두쥔훼이는 중화인민공화국 정부 아래에서 교육계와 여성계의 요직을 두루 거쳤으며, 1956년에는 중국공산당 제8차 전국대표대회에 대표로 참석하여 여성 대표로서 활동하기도 했다. 그렇게 중국의 여성운동과 교육운동의 주체로 살아가던 그녀는, 1981년 83세의 나이로 세상을 떠났다.

그로부터 35년이 지난 2016년, 대한민국정부는 건국훈장 애족장 수여하며 그의 이름을 기억해 냈다. 그것은 "나는 조선의 딸입니다"라고 외쳤던 그의 삶에 대한 늦은 응답이자, 국경과 국적, 언어와 역사를 넘어선 한 여인의 연대와 투쟁의 생애에 바치는 작은 인사였다.

🔹 사건파일

중한문화협회
독립운동과 문화연대의 접점

1940년 대한민국임시정부는 충칭으로 근거지를 옮겼다. 중일전쟁이라는 거대한 격랑 속에서도 독립운동의 불씨를 꺼뜨리지 않기 위함이었다. 총을 들고 싸우는 일만큼이나 중요한 과제가 있었다. 그것은 다름 아닌, 국제적 연대의 틀을 다지고 외교적 기반을 확보하는 일이었다. 그 중심에 선 단체가 바로 중한문화협회였다.

중한문화협회는 1942년, 충칭에서 중국과 한국의 지식인들이 함께 발기하여 설립한 문화·정치 단체였다. 그 출발은 1942년 1월, 임시정부의 조소앙(趙素昻)에 의해 제안되었고, 중국 측 인사들의 찬동을 얻어 설립이 본격화되었다.

같은 해 4월 15일에는 주비회(籌備會)가 구성되었고, 10월 11일에는 충칭 중국방송국 대강당에서 성대한 성립식이 열렸다. 이 자리에 한국 측에서는 김구, 조소앙, 이청천(李靑天), 김원봉 등이, 중국 측에서는 쑨커(孫科), 우톄청(吳鐵城), 바이충시(白崇禧), 펑위샹(馮玉祥), 저우언라이(周恩來) 등 쟁

15. 두췬훼이

쟁한 인사들이 참석했으며, 장제스 군사위원회 위원장은 직접 훈사(訓詞)를 보내 격려했다.

이 단체는 단순한 민간 교류 조직이 아니었다. 임시정부의 요청과 중국 국민당 정부의 협조 아래 출범한, 정치적 정당성과 외교적 기반을 구축하기 위한 반관반민(半官半民) 성격의 외곽기구였다. 협회의 표면적 목적은 문화 교류와 한중 간의 우호 증진이었으나, 그 이면에는 대한민국임시정부를 실체 있는 정부로 인정받기 위한 외교 전략이 분명히 자리하고 있었다. "중국과 한국은 정치·문화적으로 밀접한 협력 관계를 발전시켜야 한다"는 취지 아래, 조소앙을 비롯해 김규식, 장건상, 송병조, 그리고 두쥔훼이까지 임시정부 핵심 인사들이 발기인으로 참여했다.

중한문화협회의 핵심 임무 중 하나는, 중국 국민당 정부가 대한민국임시정부를 공식 승인하도록 유도하는 여론을 형성하는 일이었다. 협회는 이를 위해 각종 성명 발표와 문화행사 개최, 출판 활동을 이어갔다. 한국 독립운동이 단지 한민족의 해방만을 위한 것이 아니라, 동아시아 전체의 반제국주의 투쟁의 일환임을 분명히 했다. 이 점에서 중한문화협회는 한중 지식인 네트워크를 활용한 실질적 외교 채널로 기능했다.

협회는 자체 간행물을 펴내기도 했다. 충칭에서는 《중한회신》(中韓會訊), 성도(成都) 분회에서는 《중한문화》(中韓文

化)라는 간행물이 발행되었다. 또한 학술 강연회를 개최하고 문화예술계 인사들과의 교류를 통해 정치적 연대를 조성해 나갔다. 전시 상황 속에서 문화 교류라는 형식을 빌린 이러한 활동은, '한국 문제'를 중국 사회와 국제사회에 각인시키는 중요한 상징이었다.

 1945년 광복 이후 중한문화협회는 자연스럽게 그 역할을 마무리하게 되었지만, 그 활동은 임시정부 외교 전략의 결정적 전환점으로 평가받는다. 문화와 외교, 그리고 지식인의 연대를 통해 한국의 독립이라는 정치적 목표를 실현하고자 한 시도, 바로 그것이 중한문화협회가 지닌 역사적 의미였다.

참고문헌

1부
대한제국의 주권 회복을 위한 헌신

올리버 R. 에이비슨
1. 조선의 자립 기반을 위해 의학교육 제도를 만든 의사

국사편찬위원회, 우리역사넷(https://contents.history.go.kr/front).
고정휴, 《이승만과 한국독립운동》, 연세대학교출판부, 2004.
Oliver R. Avison, 에비슨기념사업회 역, 《구한말비록》 상·하, 대구대학교
    출판부, 1984.
_____, 황용수 옮김, 장의식 편, 《(고종의 서양인 典醫 에비슨 박사의 눈
    에 비친) 구한말 40여년의 풍경》, 대구대학교출판부, 2006.
윌리엄 스코트 지음, 연규홍 옮김, 《한국에 온 캐나다인들》, 한국기독교장
    로회출판사, 2009.
이광린, 《올리버 알 에비슨의 생애 : 한국 근대 서양의학과 근대교육의 개
    척자》, 연세대학교출판부, 1992.
Allen DeGray Clark, 홍사석 등 역, 《에비슨 전기 : 한국 근대 의학의개척
    자》, 연세대학교출판부, 1983.
한국역사연구회, 《한국인의 벗, 외국인 독립유공자》, 국가보훈처, 2019.

로버트 D. 스토리
2. 사법 주권 침탈을 폭로해 전 세계에 알린 기자

국사편찬위원회, 우리역사넷(https://contents.history.go.kr/front).
국사편찬위원회, 《재외 동포사 총서 17: 유럽 한인의 역사 (하)》, 2013.
김원모, 〈19세기 말 美國의 對韓政策(1894~05)〉, 《국사관논총》 60, 1994.

더글라스 스토리 지음, 권민주 옮김,《고종황제의 밀서》, 산내음, 2004.
정진석,《나는 죽을지라도 신보는 영생케 하여 한국동포를 구하라》, 기파랑, 2004.
_____, 1906년 을사조약 무효 주장하는 高宗의 密書 보도",『월간조선』, 2019.11(https://monthly.chosun.com/client/news/viw.asp?nNewsNumb=201911100053)
한국역사연구회,《한국인의 벗, 외국인 독립유공자》, 국가보훈처, 2019.

프레더릭 A. 매켄지
3.《대한제국의 비극》으로 주권 침해를 증언한 저널리스트

국사편찬위원회, 우리역사넷(https://contents.history.go.kr/front)
국제문화홍보정책실,〈한국인에게 '항일의병'사진을 남겨준 프레드릭 맥켄지〉,《코리아넷 뉴스》, https://www.kocis.go.kr/koreanet/view.do?seq=1013266).
F. A. 매켄지 지음, 신복룡 역주,《대한제국의 비극》. 집문당, 1999.
_____,《한국의 독립운동》, 집문당, 1999.
심철기,《근대전환기 지역사회와 의병운동 연구》, 선인, 2019.
_____,《대한제국기 양평의병운동사》, 양평의병기념사업회, 2022.
한국역사연구회,《한국인의 벗, 외국인 독립유공자》, 국가보훈처, 2019.
김항기,〈1906~1910년간 일제의 의병판결실태와 그 성격〉,《한국독립운동사연구》61, 2018.
김헌주,〈대한제국기 양평지역 의병운동의 전개와 귀순 문제〉,《한국민족운동사연구》103, 2020.

호머 B. 헐버트
4. 외교 주권 되찾으려 헤이그로 달려간 '자발적 외교관'

국사편찬위원회, 우리역사넷(https://contents.history.go.kr/front).
김동진,《헐버트의 꿈 조선은 피어나리!》, 참좋은친구, 2019.
한국역사연구회,《한국인의 벗, 외국인 독립유공자》, 국가보훈처, 2019.
헐버트 지음, 김동진 옮김,《헐버트 조선의 혼을 깨우다: 헐버트 내한 130

주년 기념 '헐버트 글 모음'》, 참좋은친구, 2016.
헐버트박사 기념사업회(http://www.hulbert.or.kr).
Homer Bezaleel Hulbert, *The Passing of Korea*, London : William Heinemann, 1906(신복룡 역주, 《대한제국멸망사》, 집문당, 1999).
Homer Hulbert, *The History of Korea* 1-2, New York : Hillary House Publishers , 1962(마도경·문희경 옮김, 《한국사, 드라마가 되다》, 리베르, 2009).

2부
식민지 조선을 지키기 위한 용기

프랭크 W. 스코필드
5. 일본군의 탄압을 사진으로 기록해 조선을 지킨 수의사

국사편찬위원회, 우리역사넷(https://contents.history.go.kr/front).
김승태, 〈독립운동가 스코필드 ; 건국훈장 독립장 1968, 한국을 조국처럼 사랑한 캐나다인〉(https://terms.naver.com/entry.nhn?docId=3580352&cid=59011&categoryId=59011).
김승태·유진·이항 엮음, 《강한 자에는 호랑이처럼 약한 자에는 비둘기처럼: 스코필드 박사 자료집》, 서울대학교출판문화원, 2012.
도레사 E. 모티모어, 전경미·양성현 역, 《프랭크 스코필드 박사와 한국》, KIATS(한국고등신학연구원), 2016.
사단법인 호랑이스코필드기념사업회 홈페이지(http://www.schofield.or.kr/book_list.html).
이만열, 〈스코필드의 의료(교육)·사회선교와 3·1독립운동〉, 《한국근현대사연구》 57, 2011.
이장락, 《석호필: 민족대표 34인 프랭크 윌리엄 스코필드》, KIATS(한국고등신학연구원), 2016.
프랭크 W. 스코필드(KIATS 엮음), 《프랭크 스코필드 : 1889-1970》, KIATS(한국고등신학연구원), 2014.

한국역사연구회.《한국인의 벗, 외국인 독립유공자》. 국가보훈처, 2019.

황줴
6. 한·중 네트워크를 견고하게 구축한 항일운동가

국사편찬위원회, 우리역사넷(https://contents.history.go.kr/front).
김경남, 〈1910년대 재일 한중 유학생의 비밀결사활동과 '민족혁명'기획〉, 《지역과 역사》 45, 2019.
김병민, 〈황개민과 한국 망명지사들의 사상문화 교류〉,《한국학연구》58, 2020.
독립기념관 독립운동인명사전(https://search.i815.or.kr/dictionary/main.do).
문미라, 〈중국인 독립유공자의 한국 독립운동 지원 사례 분석-황줴(黃覺), 두쥔훼이(杜君慧), 쓰투더(司徒德)를 중심으로〉,《인문논총》77-2, 2020.
배경한, 〈상해·남경지역의 초기(1911-1913) 한인망명자들과 신해혁명〉, 《동양사학연구》 67, 1999.
변은진, 〈유정 조동호(1892~1954)의 생애와 항일독립운동〉,《역사와 담론》103, 2022.
유호인·쑨커즈, 〈김홍일의 중국군 활동과 독립운동 참여-중국측 자료를 중심으로-〉,《한국민족운동사연구》 122, 2025.
정병준, 〈중국 관내 신한청년당과 3·1운동〉,《한국독립운동사연구》65, 2019.
한국역사연구회 엮음, 《한국인의 벗, 외국인 독립유공자》, 국가보훈처, 2019.

로버트 G. 그리어슨
7. 일제의 폭력으로 죽어가는 조선인을 구해낸 선교사

사편찬위원회, 우리역사넷(https://contents.history.go.kr/front)
김승태, 〈한말 캐나다장로회 선교사들의 선교활동과 일제와의 갈등, 1898~1901〉,《한국기독교와 역사》12, 2000.

독립기념관 독립운동인명사전(https://search.i815.or.kr/dictionary/main.do)
반병률,《성재 이동휘 일대기》, 범우사, 1998.
허윤정·조영수,〈일제하 캐나다 장로회의 선교의료와 조선인 의사: 성진과 함흥을 중심으로〉,《의사학》, 24-3. 2015.
한국역사연구회 엮음,《한국인의 벗, 외국인 독립유공자》, 국가보훈처, 2019.

루이 마랭
8. 유럽에서 진행된 독립운동을 지원한 정치인

국사편찬위원회, 우리역사넷(https://contents.history.go.kr/front)
김도형,〈한국독립운동을 도운 유럽인 연구〉,《한국학논총》37, 2012.
독립기념관 독립운동인명사전(https://search.i815.or.kr/dictionary/main.do)
이장규,〈1919년 대한민국임시정부 '파리한국대표부'의 외교활동〉,《한국독립운동사연구》70, 2020.
한국역사연구회 엮음,《한국인의 벗, 외국인 독립유공자》, 국가보훈처, 2019.
황선익,〈황기환의 한국대표부 활동과 한국친우회〉,《한국독립운동사연구》84, 2023.

주푸청
9. 대한민국임시정부 요인들을 물심양면 도운 혁명가

국가보훈처 공훈전자사료관(http://e-gonghun.mpva.go.kr)
김광재·도진순·리종주·윤은자·이혜린,《백범의 길 : 임시정부의 중국 노정을 밟다》, 상, arte, 2019.
김민경,〈夏輩生의 韓人題材小說《船月》研究〉, 한국외국어대학교 석사학위논문, 2012.
김구 지음, 도진순 주해,《백범일지》, 돌베개, 2009(개정).
독립기념관 독립운동인명사전(https://search.i815.or.kr/dictionary/

main.do).
박걸순, 〈중국 내 대한민국 임시정부 기념관 건립 경과와 현황〉, 《한국독립운동사연구》 54, 2016.
정정화, 《장강일기》, 학민사, 1998.
朱宏達·吳潔敏, 〈김구의 남북호 피난기〉, 《한국민족운동사연구》 16, 1997.
한국역사연구회, 《한국인의 벗, 외국인 독립유공자》, 국가보훈처, 2019.

조지 S. 맥큔
10. 신사참배 거부로 민족적 자존심 고수하게 한 교육자

국가보훈처 공훈전자사료관(http://e-gonghun.mpva.go.kr).
독립기념관 독립운동인명사전(https://search.i815.or.kr/dictionary/main.do).
안종철, 〈윤산온의 교육선교 활동과 신사참배 문제〉, 《한국기독교와 역사》 23, 2005.
안종철, 〈중일전쟁 발발 전후 신사참배 문제와 평양의 기독교계 중등학교의 동향〉, 《한국문화》 48, 2009.
윤경로, 《105인 사건과 신민회 연구》, 일지사, 1990.
한국역사연구회, 《한국인의 벗, 외국인 독립유공자》, 국가보훈처, 2019.

3부
제국주의에 저항한 정의로운 연대

조지 L. 쇼
11. 체포와 구속에도 굴하지 않고 임시정부 도운 사업가

국가보훈처 공훈전자사료관(http://e-gonghun.mpva.go.kr)
김영장, 〈대한민국 임시정부의 안동교통사무국 설치와 운영 -대한청년단연합회와 연대를 중심으로〉, 《한국독립운동사연구》 62, 2018.
독립기념관 독립운동인명사전(https://search.i815.or.kr/dictionary/

main.do)
유병호, 〈대한민국임시정부의 안동교통국과 이륭양행 연구〉, 《한국민족운동사연구》 62, 2010.
한철호, 〈조지 엘 쇼(George L. Shaw)의 한국독립운동 지원활동과 그 의의〉, 《한국근현대사연구》 38, 2006.
_____, 〈1930년대 일제의 조지 엘 쇼(George L. Shaw) 탄압·축출공작과 그 성격〉, 《한국민족운동사연구》 69, 2011.
_____, 〈1920년대 전반 조지 엘 쇼(George L. Shaw)의 한국독립운동 지원활동과 그 의의 - 1920년 11월 석방 이후를 중심으로〉, 《한국독립운동사연구》 43, 2012.
한승훈, 〈1920년 조지 엘 쇼(George L. Shaw) 사건과 영국의 대응〉, 《한국독립운동사연구》 84, 2023.
한국역사연구회, 《한국인의 벗, 외국인 독립유공자》, 국가보훈처, 2019.

후세 다쓰지
12. 일본 법정에서 조선인을 대리해 재판 투쟁을 펼친 변호사

국가보훈처 공훈전자사료관(http://e-gonghun.mpva.go.kr)
국사편찬위원회, 우리역사넷(https://contents.history.go.kr/front)
김창록, 〈후세 타쯔지(布施辰治)의 법사상-'조선'과의 관계를 중심으로-〉, 《법학연구》 26-1, 2015.
독립기념관 독립운동인명 사전 https://search.i815.or.kr/dictionary/main.do
이규수, 〈후세 다쓰지(布施辰治)의 한국인식〉, 《한국근현대사연구》 25, 2003.
전병무, 〈변호사 후세 다쓰지(布施辰治)와 이인〉, 《애산학보》 47, 2020.
후세 간지 지음, 황선희 옮김, 《나는 양심을 믿는다》, 현암사, 2011.

가네코 후미코
13. 식민과 인간 억압에 모두 맞선 아나키스트

국사편찬위원회, 우리역사넷(https://contents.history.go.kr/front)
김명섭, 〈朴烈의 일왕폭살계획 추진과 옥중 투쟁〉, 《한국독립운동사연구》, 48. 2014.
김진웅, 〈가네코 후미코(金子文子)의 아나키즘 수용과 실천〉, 《한국근현대사연구》 87, 2018.
박열의사기념관 저, 김창덕 역, 《박열·가네코 후미코 재판 기록》, 드림, 2018.
백현미, 〈박열·가네코 후미코 사건과 퍼포먼스〉, 《대중서사연구》, 25-2. 2019.
야마다 쇼지 지음, 정선태 옮김, 《가네코 후미코》, 산처럼, 2003.
후세 다쓰지 지음, 박현석 옮김, 《운명의 승리자 박열》, 현인, 2017.

조지 A. 피치
14. 아버지에 이어 조선인과 함께 고통을 감당한 목회자

국가보훈처 공훈전자사료관(http://e-gonghun.mpva.go.kr).
김광재·도진순·리종주·윤은자·이혜린, 《백범의 길: 임시정부의 중국 노정을 밟다》 상, arte, 2019.
김주성, 〈미국 선교사 Fitch 일가의 한국독립운동 지원활동〉, 《한국독립운동사연구》 57, 2017.
독립기념관 독립운동인명사전(https://search.i815.or.kr/dictionary/main.do)
쑨커즈, 〈윤봉길 의사 상하이의거의 역사적 의의〉, 《매헌윤봉길의사상하이의거 90주년 기념 국제학술회의》, 2022.
윤병석, 〈윤봉길의사의 상해의거와 독립운동〉, 《매헌 윤봉길의사 탄신 100주년기념 학술심포지엄》, 2008.
이혜린, 〈1932년 일본의 재상해한인 체포활동과 프랑스조계당국의 대응〉, 《사림》 62, 2017.
한국역사연구회, 《한국인의 벗, 외국인 독립유공자》, 국가보훈처, 2019.

두쥔훼이
15. 조선 독립과 여성의 권리 증진을 옹호한 실천가

국가보훈처 공훈전자사료관(http://e-gonghun.mpva.go.kr).

님 웨일즈·김산 지음, 송영인 옮김, 《아리랑》(개정3판 12쇄), 동녘, 2011.
독립기념관 독립운동인명사전(https://search.i815.or.kr/dictionary/main.do).
문미라, 〈중국인 독립유공자의 한국 독립운동 지원 사례 분석 - 황줴(黃覺), 두쥔훼이(杜君慧), 쓰투더(司徒德)를 중심으로〉, 《인문논총》 77-2, 2020.
이동언, 〈김성숙의 생애와 독립운동〉, 《대각사상》 60, 2011.
장세윤, 〈중국공산당의 광주(廣州) 봉기와 한인(韓人) 청년들의 활동〉, 《사림》 24, 2005.
조은경, 〈중국 廣州지역 한인 독립운동 연구(1910~1948)〉, 서울시립대 박사학위논문, 2019.
한국역사연구회, 《한국인의 벗, 외국인 독립유공자》, 국가보훈처, 2019.